China Microeconomic Survey : Household Wealth Volume

中国微观经济调查·
家庭财富卷

经济日报社中国经济趋势研究院
中国社会科学院经济研究所经济转型与发展研究中心 | 著

人民出版社

目　　录

前　言

　　以人民为中心的发展思想致力于人的全面发展、全体人民共同富裕，彰显了中国特色发展道路相对于西方发展道路的优越性。党的十九大报告指出，"中国特色社会主义进入新时代，我国社会主要矛盾已经转化为人民日益增长的美好生活需要和不平衡不充分的发展之间的矛盾"。[①] 促进全体人民共同富裕，让改革发展成果更多更公平地惠及全体人民，能够更好地满足人民群众对公平正义的要求，最终解决人民日益增长的美好生活需要和不平衡不充分的发展之间的新时代社会主要矛盾。全体人民共同富裕是消除两极分化和贫穷基础上的普遍富裕。作为衡量福祉的重要指标，收入和财产的分配状况直接关系到改革发展成果能否更多更公平惠及全体人民。作为收入积累的存量，财产差距不仅与收入差距呈现出一定的正相关性，而且由于财产累积效应的存在，财产差距往往要大于收入差距。例如，经济合作与发展组织（OECD）国家居民可支配收入的基尼系数通常在 0.30 至 0.50 之间变动，

---

　　① 习近平：《决胜全面建成小康社会　夺取新时代中国特色社会主义伟大胜利——在中国共产党第十九次全国代表大会上的报告》，人民出版社 2017 年版，第 11 页。

而财产的基尼系数则在 0.50 至 0.80 之间。缩小财产差距,实现财产的合理分配,将有力推动全体人民共同富裕目标的实现。

改革开放以来,我国的经济转型与经济发展取得了举世瞩目的成就。与此同时,居民财产分配格局也发生了深刻的变化。随着家庭联产承包责任制的推行、住房改革的实施、私营企业的兴起、金融市场的繁荣,居民的财产积累渠道不断拓宽。居民的财产呈现出不断增长的态势,但与此同时,财产差距也有所扩大。过高的财产差距不仅有碍于全体人民共同富裕目标的逐渐实现,而且极不利于社会和谐和稳定,需要采取相应政策举措对过高的财产差距进行缩减。目前,收入分配问题已成为社会关注的热点。但囿于数据的匮乏,对财产的增长趋势以及结构性变动等方面的分析相对较少。

对居民财产分布状况的准确把握,无疑需要建立在坚实的数据基础之上。微观层面的住户调查数据,能够直接提供居民财产的相关信息,因而也成为在测度居民财产分布状况方面,使用最为广泛的数据来源。国内外与财产相关的微观住户调查数据有美国的收入动态追踪调查(Panel Study of Income Dynamics, PSID)、美欧各国的消费者金融调查(Survey of Consumer Finances, SCF)、日本的家庭储蓄调查(Family Saving Survey, FSS)和农户经济调查(Farm Household Economic Survey, FHES)、德国社会经济追踪调查(German Socio-Economic Panel, GSOEP)、中国的收入分配调查数据(中国社会科学院经济研究所收入分配课题组/北京师范大学中国收入分配研究院)、中国家庭金融调查数据(西南财经大学)、中国投资者行为调查(北京奥尔多投资研究中心)等。经济日报社中国经济趋势研究院于 2015—2018 年在全国范围内开展的中国家庭财富调查,以科学的抽样方案、设计得当的问卷、合理的样本数量、严谨的调查过程,保证了住户调查数据的客观性和代表性,为推断总体的财产分布状况提供了基础性的数据支持,对理解财富分配、收入分配、居民的投融资选择以及资产配置都具有重要的参考价值。

本书建立在中国家庭财富调查这一坚实的数据基础之上,考察了家庭财富的增长、构成以及分配格局,并对房产、金融资产、动产、生产经营性资产和非住房负债等财富组成部分进行了较为深入的统计分析。本书为研究人员以及实际工作者提供了家庭财富变动的真实图景,不仅有助于学界在此基础上进行较为深入的经验研究和理论探讨,也有助于政府部门在缩减财产差距方面制定相应的政策。

本书由经济日报社中国经济趋势研究院以及中国社会科学院经济研究所经济转型与发展研究中心孙世芳、邓曲恒、刘渿、魏众、谢慧、孙婧芳、郭文鹃、王琼、何伟等人共同编写。由于时间仓促、人力有限,内容不尽之处,敬请读者谅解。欢迎读者提出宝贵意见和建议,对问题和疏漏进行批评指正。

第一章　中国家庭财富调查数据简介

第一节　抽样方法

中国家庭财富调查的抽样采取分层、多阶段以及比例概率抽样（Prbability Proportional to Size Sample，PPS）的方法。抽样方案可以分为调查点抽样方案和调查户抽样方案。中国家庭财富调查的基本步骤是：首先，选取调查省份；其次，在调查省份内部根据经济发展水平的高低，分层选取调查县；再次，在选取的调查县内部随机选取要调查的居委会和村委会；最后，依据随机抽样的原则，在居委会和村委会选取调查户。

中国家庭财富调查的抽样依托经济日报社开发的手机App 得以执行。在确定调查地点之后，样本省份、县（市）、居委会（村委会）的名称和编码、每一居委会（村委会）所需抽取的样本户数等信息被录入手机 App。调查员在到达调查地点后，进行调查地居委会（村委会）的住户清点工作。手机 App

根据所清点的住户数量以及抽样方案所确定的样本户数,对调查地居委会(村委会)的所有住户进行随机抽样,并向调查员指派调查任务。

一、调查点抽样方案

以 2018 年中国家庭财富调查为例,中国家庭财富调查团队在我国东部、中部、西部三大区域总计抽取 26 个省份进行调查,调查样本为 30000 户城乡家庭。2018 年调查所涵盖的 26 个省份对东部、中部、西部地区具有代表性,其中北京、天津、河北、辽宁、上海、江苏、浙江、福建、山东、广东、海南代表东部地区,山西、吉林、安徽、江西、河南、湖北、湖南代表中部地区,黑龙江、广西、重庆、四川、贵州、云南、甘肃、青海代表西部地区。内蒙古、西藏、陕西、宁夏、新疆以及港澳台地区未纳入本次调查。

在选取调查省份之后,中国家庭财富调查团队根据人均 GDP 对各省的县(市)进行分层,确保所抽取的县(市)具有不同的经济发展水平,以使调查县(市)对样本省份具有代表性。居委会(村委会)的抽取遵循随机抽样的原则。在确定调查县(市)和根据比例概率抽样原则计算出所需抽样的居委会(村委会)数量之后,中国家庭财富调查团队根据样本省份和县(市)的城乡结构,对调查县(市)的居委会(村委会)进行随机抽样,以确定具体的样本居委会(村委会)。所抽取的样本居委会(村委会)名称以及根据比例概率抽样原则计算得出的每一居委会(村委会)所需抽取的样本户数,在调查开始之前录入手机 App,以便开展调查户的抽样。图1-1 为调查 App 的界面。

图 1-1　趋势调查 App 的界面

二、抽取调查户

(一) 住户清点

调查户的抽取建立在准确清点居委会(村委会)内部住户数量的基础之上。根据调查设计,调查员在农村进行住户调查时,需要先联系村委会明确村界限,数清村主要道路,并画出道路简易图。图 1-2 为无门牌号的自建房的清点规则。在清点过程中,调查员需要按照右手原则,从村东北角开始,逢路必进,到路头回转。第一户编号为 1,按照行走顺序,逐户编号,对路头路尾所在户做编号数字标记。在道路简易图上,补充所有行走道路,并标记住户编号。完成简易住户编号分布图(标明村委会名称),并上传至 App。

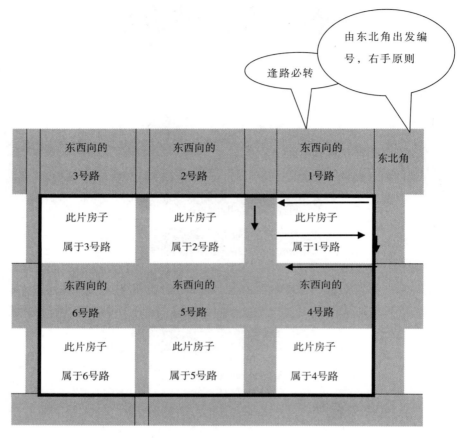

图1-2　清点无门牌号的自建房

注:粗线框内为居委会所辖范围。

　　相对农村而言,城镇地区的清点工作较为简单。首先,调查员联系居委会,明确居委会辖区界限、辖区内所有小区名称(楼房群)、所有道路名称,并数清居委会主要道路,画出道路简易图(可请居委会工作人员协助)。其次,如果居委会内的住房为楼房,调查员需要按照小区—院—楼号—单元号—层数—每层户数的顺序填入 App 相应栏目;如果居委会内的住房有平房或自建房,在有门牌号的情况下,可以根据门牌号录入住户数量。如果没有门牌号,调查员需要根据无门牌号的自建房的清点规则,对所有住户从头到尾自行进行编号。

（二）App 抽取调查户

在调查员清点并上传居委会（村委会）的总户数之后，App 根据总户数以及调查设计的抽取户数，对居委会（村委会）的所有住户进行随机抽样，生成调查任务分配给调查员。由于被分配的样本户可能会出现不在家或拒访的情形，App 也根据随机抽样的原则生成了备用样本，以在确保样本符合随机抽样原则的同时，推动调查的顺利进行。图 1-3 显示了 App 随机抽样的调查样本。

图 1-3　App 随机分配的调查样本

趋势调查 App 在居委会内部抽取调查户的步骤如下：

（1）计算抽样间距（k）。

抽样间距（k）=［居委会总户数（N）/财富调查的规定样本量（n）］，方括号表示取整。

（2）将居委会总户数按照抽样间距（k）分为 n 个抽样区段。

（3）在第一个抽样区段内随机抽取一户，然后按等距抽样抽取调查户。假设抽取的第一户的户编码为 a，则随后抽出的调查户序号依次为 a+k，a+2k，a+3k，…，继而得到调查户样本。

随机起点定为：随机系数（E）×抽样间距（k）。随机系数为（0，1）之间的一个小数，由 App 生成。

（4）生成另一个随机系数 E2，并根据等距抽样原则抽取调查户。假设抽取的第一户的户编码为 b，则以后抽出的调查户序号依次为 b+k，b+2k，b+3k，…，得到备用的调查户样本。

如所分配的调查样本长期不在家或被拒访，在多次尝试调查无效的情况下，调查员可以申请重新分配样本。经督导员批准后，使用 App 从备用的调查户样本中，指派调查户给调查员。

第二节　质量控制

调查员对调查方案和问卷的准确理解以及认真负责地实地调查是高质量调查的必要条件。中国家庭财富调查团队采取了调查前培训、调查中监控、调查后及时检查的方式，对调查进行质量控制，确保调查能够高质量地完成。

中国家庭财富调查团队制作了培训视频、调查员手册和问卷指导手册,对调查过程中可能会出现的常见问题、相关注意事项以及调查问卷进行了详细讲解,确保调查员在实地入户之前能够熟知调查问卷和调查流程。中国家庭财富调查团队也设立了微信群,及时解答调查员在实地调查中所遇到的问题。

为加强对调查过程的监控,中国家庭财富调查团队设立了督导员。督导员需要了解调查完成进度与调查质量,检查调查员填报和上传的问卷,根据调查结果要求调查员进行整改,并及时填写督导员问卷进行总结和反馈。

新技术的出现也方便了中国家庭财富调查的质量控制。除了传统的电话回访以外,借助手机 App 的使用,中国家庭财富调查团队还可以通过调查地点的 GPS 信息和手机拍照功能,确保调查员的入户的真实性,同时也提高了对调查结果的核查效率。

第三节 调查省份与样本

前已述及,2015 年中国家庭财富调查覆盖了 25 个省份的 12000 户城乡家庭。2016 年中国家庭财富调查则覆盖了 24 个省份的 36000 户城乡家庭,其中,加权后的城镇样本比重为 56.54%,农村样本所占比重为 43.46%。各省份在全部样本及城乡分组样本中的占比见表 1-1。此外,从调查样本的户口分布来看,农业户口占比为 59.36%,非农业户口为 34.22%,居民户口为 5.72%,其他户口(包括外籍等)为 0.7%。

表 1-1　2016 年中国家庭财富调查各省份调查样本
在全部样本及城乡分组样本中的占比　　（单位:%）

省份	全国	农村	城镇
安徽省	3.62	4.15	3.21
北京市	3.46	2.35	4.31
福建省	4.18	3.61	4.61
甘肃省	3.76	5.28	2.60
广东省	4.30	3.66	4.80
贵州省	3.40	4.58	2.50
河北省	5.03	5.48	4.68
河南省	4.99	5.45	4.63
黑龙江省	3.36	2.97	3.66
湖北省	4.90	5.79	4.22
湖南省	4.54	5.25	3.99
吉林省	3.78	4.19	3.46
江苏省	6.35	5.93	6.67
江西省	4.40	4.12	4.62
辽宁省	4.76	3.91	5.40
青海省	2.06	1.96	2.13
山东省	4.20	3.58	4.67
山西省	3.65	4.31	3.14
上海市	4.41	3.38	5.21
四川省	5.35	6.67	4.34
天津市	3.65	2.35	4.65
云南省	2.70	3.32	2.22
浙江省	4.67	3.49	5.59
重庆市	4.48	4.21	4.68

2017 年中国家庭财富调查共调查 48000 户居民家庭,分布
在 25 个省份,其中城镇人口所占比重为 57.83%,农村人口所占
比重为 42.17%。各省份在全部样本及城乡分组样本中的占比
见表 1-2。从调查样本的户籍分布来看,农村户口占比为

52.44%,非农户口占 43.15%,居民户口占比为 4.33%,其他户口(包括外籍等)占比为 0.08%。

表 1-2　2017 年中国家庭财富调查各省份调查样本
在全部样本及城乡分组样本中的占比　　　　(单位:%)

省份	全国	农村	城镇
安徽省	5.95	6.31	5.58
北京市	3.37	2.31	4.15
福建省	3.77	3.43	4.01
甘肃省	2.59	3.58	1.36
广东省	5.59	4.17	6.52
贵州省	2.94	3.76	2.34
河北省	6.19	7.29	5.39
河南省	6.93	9.38	5.15
黑龙江省	2.37	1.77	2.80
湖北省	5.46	5.06	5.75
湖南省	5.51	6.37	4.88
吉林省	1.45	1.57	1.36
江苏省	6.79	6.06	7.32
江西省	3.81	4.11	3.59
辽宁省	2.77	2.16	3.21
青海省	1.95	1.92	1.98
山东省	5.74	5.98	5.57
山西省	1.69	1.63	1.74
陕西省	4.12	4.99	3.48
上海市	4.28	1.35	6.41
四川省	4.38	5.05	3.90
天津市	2.21	1.58	2.67
云南省	3.19	4.13	2.50
浙江省	4.35	3.43	5.02
重庆市	2.61	2.59	2.63

　　2018 年中国家庭财富调查共调查 30000 户居民家庭,分布在 26 个省、自治区和直辖市,其中城镇人口所占比重为 59.04%,农村人口所占比重为 40.96%。各省份调查人口在全部样本及城乡分组样本中的分布见表 1-3。分地区来看,东、中、西部地区人口占比分别为 45.1%、33.09% 和 21.81%。从户籍类型来看,农业户口占比为 46.79%,非农户口占比为 33.72%,居民户口占比为 19.41%,其他户口(包括外籍等)占比为 0.08%。

表 1-3　2018 年中国家庭财富调查各省份调查人口
在全部样本及城乡分组样本中的占比　　　　（单位:%）

省份	全国	农村	城镇
安徽省	5.84	6.83	5.15
北京市	2.91	1.21	4.10
福建省	4.17	3.50	4.64
甘肃省	1.19	1.80	0.78
广东省	5.86	3.95	7.18
广西壮族自治区	3.00	3.98	2.32
贵州省	2.95	4.04	2.20
河北省	5.42	7.08	4.26
河南省	5.90	6.31	5.62
黑龙江省	2.50	2.30	2.63
湖北省	4.42	4.33	4.48
湖南省	5.89	7.15	5.02
吉林省	2.30	2.39	2.24
江苏省	5.24	4.08	6.04
江西省	3.87	4.53	3.42
辽宁省	2.85	2.19	3.31
青海省	0.83	0.92	0.77

省份	全国	农村	城镇
山东省	6.81	6.81	6.81
山西省	2.37	2.29	2.42
陕西省	3.70	3.87	3.57
上海市	3.13	1.09	4.54
四川省	6.23	7.39	5.42
天津市	2.06	0.92	2.85
云南省	3.74	5.13	2.78
浙江省	3.65	3.05	4.07
重庆市	3.17	2.85	3.39

第四节　样本的代表性

为了考察中国家庭财富调查的数据质量和代表性,本书以 2015 年中国家庭财富调查为例,从城乡人口结构、性别结构、家庭规模以及家庭人均收入等方面将中国财富调查数据与国家统计局的大样本数据调查结果进行对比。结果表明,中国家庭财富调查的数据具有较高的代表性,数据质量具有可信性。[①]

表 1-4 列出了 2015 年中国家庭财富调查数据与国家统计局数据在人口结构与人均收入等指标上的比较结果。表 1-4 显示,从性别结构看,国家统计局的调查数据中,男性占比为 51.23%,而在本次家庭财富调查中,男性占比为 51.07%。家庭财富调查的性

---

① 下面的章节在对中国家庭财富调查数据进行描述性统计分析时,也部分涉及与国家统计局数据的对比。

别结构与国家统计局的大样本非常接近。从城乡分布看,城镇居民在国家统计局大样本中的比重为 54.77%,而财富调查中城镇居民的比重为 55.33%。中国家庭财富调查样本的城乡结构也与国家统计局的大样本数据非常接近。此外,从家庭规模看,国家统计局样本的家庭平均规模为 2.97 人,而中国家庭财富调查样本的家庭平均规模为 3.19 人,两者之间的差异在 10% 之内。这说明,中国家庭财富调查的样本数据与国家统计局数据在人口结构上非常接近。

表 1-4　2015 年中国家庭财富调查与国家统计局数据
在人口结构与人均收入上的比较

项目	中国家庭财富调查	国家统计局
男性(%)	51.07	51.23
女性(%)	48.93	48.77
城镇(%)	55.33	54.77
农村(%)	44.67	45.23
家庭规模(人)	3.19	2.97
城镇居民人均收入(元)	31360	29381
农村居民人均收入(元)	11084	10489
全国居民人均收入(元)	22302	20167

注:国家统计局的相关数据来自《中国统计年鉴 2015》。

由于性别、居住地、家庭规模等人口结构方面的指标属于较为容易观察且不太敏感的信息,因此,只要调查设计合理以及实际的入户调查不偏离调查设计,保持数据在人口结构上的代表性相对而言较为容易。而收入与财富等敏感信息属于入户调查的难点,需要调查员具有一定的调查技术和沟通技能。鉴于国家统计局没有公布家庭财富的相关信息,本书以家庭人均收入为例,对 2015 年中国家庭财富调查在收入和财富变量的代表性进行了检验。从表 1-4 可以看到,2015 年中国家庭财富调查所得到的城镇居民人均收入、农村居民人均收入以及全国居民人均收入分别为 31360 元、11084 元和 22302 元,而国家统计局对城镇居民人均收入、农村居民人均收入以及全国居民人均收入的统计结果分别为 29381 元、10489 元和 20167 元。尽管本次财富调查对家庭人均收入存在一定程度的高估,但收入调查结果与国家统计局大样本数据的偏离幅度基本控制在 10% 之内。这意味着,中国家庭财富调查对收入与财富等敏感信息的调查结果具有相当高的精度,能够对家庭财富的后续研究起到坚实的数据支持作用。

第五节　样本的描述性统计

一、性别年龄分布

2016 年中国家庭财富调查中,男性和女性占比分别为 52.37% 和 47.63%。我们从 0 岁到 100 岁以上,以每 5 岁为一个年龄组,分别统计了每个年龄组男性和女性人数在总人数中的比例(见图 1-4)。从图 1-4 可以看出,我们的调查中,6 岁及以上人口分布状况与 2010 年人口普查基本一致,其中占比最高的年龄段出现在 25—29 岁以及 45—49 岁,高龄组和低龄组人数较少,而 2010 年人口普查中人口占比最高的年龄段为 20—24 岁以及 40—44 岁。因此,从年龄结构来看,中国家庭财富调查数据具有较好的代表性。

（单位：岁数）

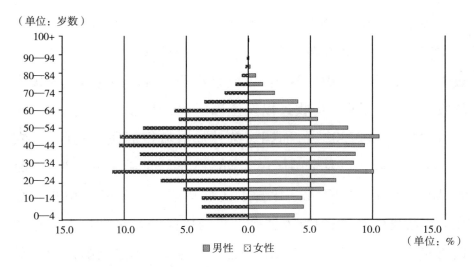

图 1-4　2016 年样本的性别年龄分布

2017 年中国家庭财富调查中，男性和女性占比分别为 51.96% 和 48.04%。从年龄分布来看，0—14 岁人口所占比重为 12.62%，15—64 岁人口占比为 75.68%，65 岁及以上人口占比为 11.7%。我们从 0 岁到 100 岁以上，以每 5 岁为一个年龄组，分别统计了每个年龄组男性和女性在总人数中的比例（见图 1-5）。

（单位：岁数）

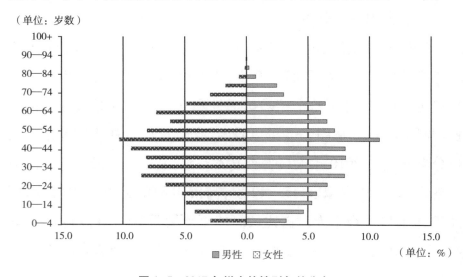

图 1-5　2017 年样本的性别年龄分布

2018 年中国家庭财富调查中,男性和女性占比分别为 51.56% 和 48.44%。从年龄分布来看,0—14 岁人口所占比重为 14.02%,15—64 岁人口占比为 73.77%,65 岁及以上人口占比为 12.19%。图 1-6 报告了以每 5 岁为一个年龄组,每个年龄组男性和女性在总人数中的比例。

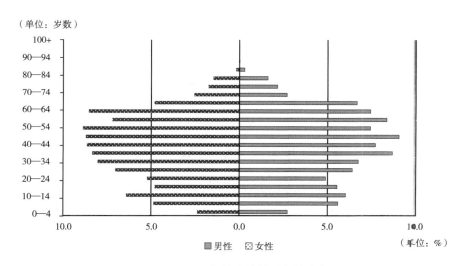

图 1-6　2018 年样本的性别年龄分布

二、家庭规模和家庭户类别

2016 年中国家庭财富调查数据显示,全国平均家庭规模为 3.46 人,城镇和农村的相应数据为 3.26 人和 3.71 人,说明中国家庭的居住结构呈现核心家庭化,同时,农村居民家庭规模大于城镇。与之相对应的,家庭户类别也以二代户为主(见图 1-7)。全国二代户占比为 58.54%,而城镇和农村的相应占比为 62.66% 和 53.13%。此外,农村居民比城镇居民家庭更倾向于多代共同居住。

2017 年中国家庭财富调查数据显示,全国平均家庭规模为 3.49 人,城镇和农村的相应数据为 3.35 人和 3.70 人。农村居民

（单位：%）

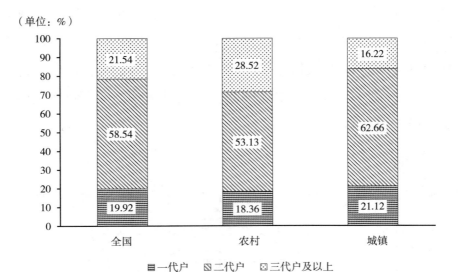

图 1-7　2016 年样本中的家庭户类别占比

家庭规模大于城镇居民家庭规模。与之相对应的,家庭户类别也以二代户为主(见图 1-8)。全国二代户占比为 57.75%,而城镇和农村的相应占比为 61.82% 和 52.11%。

（单位：%）

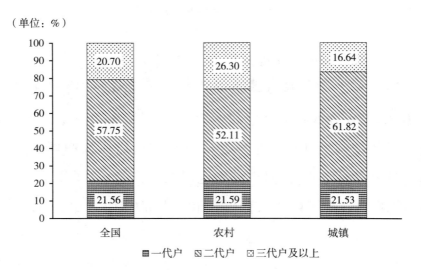

图 1-8　2017 年样本中的家庭户类别占比

2018 年样本中,全国平均家庭规模为 3.37 人,城镇和农村的相应数据为 3.24 人和 3.55 人,农村居民家庭规模大于城镇居民家庭。家庭户类别也以二代户为主(见图 1-9)。全国二代户占比为 55.81%,而城镇和农村的相应占比为 58.71% 和 51.36%。农村的一代户和二代户占比均低于城镇,而三代户及以上共居住的比例则明显高于城镇。

（单位：%）

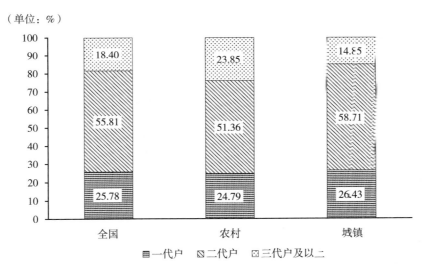

图 1-9　2018 年样本中的家庭户类别占比

三、受教育水平

表 1-5 报告了 2015 年中国家庭财富调查数据中,城镇、农村以及全国 16 岁以上人口的文化程度。从表 1-5 可以看到,全国 16 岁以上人口中,小学或小学以下文化程度者占 24.45%,初中和高中文化程度者分别占 32.44% 和 24.35%,而大专以及本科或本科以上文化程度者分别占 9.23% 和 9.53%。从城乡对比来看,城镇样本的文化程度要高于农村样本。初中或初中以下文化程度者在农村 16 岁以上人口中的比重为 69.51%,而城镇样本的这一比

重为 46.71%。城乡样本在高等教育上的差异较为明显。大专或大专以上文化程度者在城镇 16 岁以上人口中的比重为 25.09%，而农村 16 岁以上人口高等教育文化程度者的比重仅为 10.93%。表 1-5 也报告了 2015 年样本中全国以及城乡 16 岁以上人口的平均受教育年数，更为清楚地反映了样本的受教育水平以及城乡差异。全国 16 岁以上人口的平均受教育年数为 9.84 年，而城镇和农村 16 岁以上人口的受教育年数分别为 10.72 年和 8.76 年，城镇样本的受教育年数要少于农村样本 2 年。

表 1-5　2015 年样本中 16 岁以上人口的文化程度

受教育水平	全国	城镇	农村
小学或小学以下(%)	24.45	17.57	32.99
初中(%)	32.44	29.14	36.52
高中(%)	24.35	28.21	19.56
大专(%)	9.23	12.01	5.80
本科或本科以上(%)	9.53	13.08	5.13
受教育年数(年)	9.84	10.72	8.76

　　除了城乡差距以外，样本的教育水平也存在一定的地区差异。表 1-6 列出了分地区的 16 岁以上人口的文化程度。表 1-6 显示，西部地区小学或小学以下文化程度者在 16 岁以上人口中的比重超过了三分之一，而东部地区和中部地区小学或小学以下文化程度者分别为 19.22% 和 21.90%。初中文化程度者在 16 岁以上人口中的比重没有太大的地区差异。高中文化程度者在样本中的比重存在较为明显的地区差异。东部地区、中部地区以及西部地区高中文化程度者的比重分别为 27.83%、24.82% 和 16.51%。相对高中文化程度者的比重而言，高等教育文化程度者的比重具有

更大的地区差异。东部地区、中部地区以及西部地区大专或大专以上文化程度者的比重分别为 20.77%、19.36% 和 13.77%。从平均受教育年数看,东部地区和中部地区 16 岁以上人口的受教育年数分别为 10.31 年和 10.10 年,两者的差异并不大。但西部地区 16 岁以上人口的受教育年数仅为 8.49 年,与东部地区和中部地区相比存在一定的差距。

表 1-6　2015 年样本中三大区域 16 岁以上人口的文化程度

受教育水平	东部地区	中部地区	西部地区
小学或小学以下(%)	19.22	21.90	39.11
初中(%)	32.18	33.92	30.60
高中(%)	27.83	24.82	16.51
大专(%)	11.24	8.86	5.77
本科或本科以上(%)	9.53	10.50	3.00
受教育年数(年)	10.31	10.10	8.49

　　我们也根据 2018 年中国家庭财富调查数据,考察了 6 岁及以上人口的教育分布。根据 2018 年中国家庭财富调查数据,全国 6 岁及以上人口的平均受教育年数为 8.28 年,农村和城镇的相应数据为 6.64 年和 9.42 年。东部、中部、西部的平均受教育年数为 9.34 年、7.91 年和 6.65 年。从目前完成的最高学历来看,全国小学及以下学历的人口比例为 38.44%,其中农村地区超过城镇地区,分别为 52.27% 和 28.84%;西部、中部、东部呈逐渐下降趋势,分别为 52.46%、42.49% 和 28.72%。接受过高等教育人口的比例则呈现相反的分布趋势。全国接受过大专及以上教育的人口占比为 15.42%,农村和城镇的相应比例为 6.26% 和 21.79%,而东部、中部、西部的相应比例则为 20.57%、13.3% 和 7.95%。总体而言,

受教育水平呈现出较大的城乡和地区差异,具体而言,城镇受教育水平高于农村,东部、中部、西部地区平均受教育水平依次降低。

表 1-7　2018 年中国财富调查数据中平均受教育年限
以及目前所完成的最高学历分布　　　　　(单位:年;%)

受教育水平	全国	农村	城镇	东部地区	中部地区	西部地区
受教育年限	8.28	6.64	9.42	9.34	7.91	6.65
未上过学	9.55	15.96	5.10	6.71	11.95	11.85
小学	28.89	36.31	23.74	22.01	30.54	40.61
初中	27.20	29.06	25.90	28.71	26.39	25.29
高中	13.47	8.88	16.66	15.87	11.86	10.90
职高/技校	2.69	2.00	3.17	2.75	3.28	1.69
中专	2.78	1.52	3.65	3.37	2.67	1.71
大专	8.75	3.99	12.06	10.93	8.36	4.84
大学本科	6.42	2.18	9.37	9.19	4.82	3.08
研究生	0.25	0.09	0.36	0.45	0.12	0.03

四、婚姻状态

2018 年中国家庭财富调查数据显示(见图 1-10),15 岁及以上人口中,未婚的比例为 13.26%,有配偶的比例为 81.43%。分性别来看,女性有配偶的比例高于男性,未婚的比例低于男性;分城乡来看,城镇居民有配偶的比例稍高于农村居民,未婚的比例也比农村居民高。分区域来看,西部地区居民有配偶的比例高于东部、中部地区,而中部地区的未婚比例则是三个区域中最高的。

五、就业特征

本书继而分析中国家庭财富调查样本在就业方面的特征。表

（单位：%）

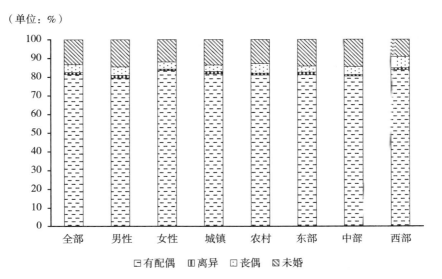

图 1-10 2018 年样本中 15 岁及以上人口婚姻状态分布

1-8 报告了就业人员的就业身份。在全国的就业人员中, 5.65%
为雇主, 54.85% 为雇员, 而剩下的 39.49% 为自营劳动者。城镇和
农村样本的就业身份存在一定的差异。城镇就业人员中雇主和雇
员的比重要高于农村, 而自营劳动者的比重要低于农村。城镇和
农村就业人员中雇主的比重分别为 7.84% 和 2.92%, 雇员的比重
则分别为 66.28% 和 40.53%。超过一半的农村就业人员为自营劳
动者, 而只有大约四分之一的城镇就业人员为自营劳动者。

表 1-8 2018 年样本中就业人员的就业身份 （单位:%）

就业身份	全国	城镇	农村
雇主	5.65	7.84	2.92
雇员	54.85	66.28	40.53
自营劳动者	39.50	25.88	56.55

表 1-9 报告了就业人员的职业分类。从全国范围来看, 就业
人员最主要的三个职业为非技术工人或农民、个体户主或私营业

主、办事人员。这三个职业的从业人员占全部就业人员的比重分别为39.52%、16.33%、11.61%。专业技术人员和技术工人占全部就业人员的比重分别为4.43%和9.71%。在城镇就业人员中,非技术工人或农民、个体户主或私营业主、办事人员的比重分别为23.21%、20.42%和16.22%,专业技术人员和技术工人的比重分别为5.64%和11.19%。对农村就业人员而言,最主要的三个职业为非技术工人或农民、个体户主或私营业主、技术工人。这三个职业的从业人员占农村就业人员的比重分别为59.50%、11.33%、7.90%。

表1-9 2018年样本中就业人员的职业分类　　　　　　（单位:%）

职业	全国	城镇	农村
个体户主或私营业主	16.33	20.42	11.33
专业技术人员	4.43	5.64	2.94
单位或部门负责人	5.63	8.09	2.61
办事人员	11.61	16.22	5.97
技术工人	9.71	11.19	7.90
非技术工人或农民	39.52	23.21	59.50
其他	12.77	15.22	9.76

第二章　家庭人均财富的规模、增长与构成

第一节　家庭人均财富的增长

改革开放以来,中国经济经历了经济体制与经济结构的双重转型过程。一方面,经济体制逐步从计划经济转变为市场经济;另一方面,经济结构逐步从传统农业为主的农村经济向现代工业和服务业为主的城市经济转变。在这一双重转型过程中,中国居民的财产随着经济高速增长出现了不断积累和积聚的趋势。

改革开放之前,"重积累,轻消费"的宏观分配模式使得居民所获得的收入和财产相对有限,城乡居民在满足必要的消费之外,欠缺财产积累的渠道和基础。改革开放以后,随着城乡居民收入水平的不断提高以及家庭联产承包责任制的推行、住房改革的实施、个私企业的兴起、金融市场的繁荣,居民的财产积累渠道不断拓宽,居民的财产呈现出不断增长的态势,居民财产分配格局也发生了深刻的变化。此外,经济转轨过程中居民所面临的不确定性因素增加(例如,失业风险的存在、教育医疗成本的提高等),使得

城乡居民通过增加储蓄来积累资产以备不时之需成为必要。而转轨时期的制度不完善与市场发育不健全等因素导致了某些特殊阶层以各种合法与非法手段侵占公共利益或他人利益，进而积累了大量财产。因此，我国财产分布格局的变动，是经济体制与经济结构双重转型的结果，这也使得我国居民财产积累和分布具有不同于其他国家的特殊性(罗楚亮等，2009)[①]。

改革开放以来，我国的经济建设取得了举世瞩目的成就。从总量上看，我国的国内生产总值于 2010 年超过日本，跃居全球第二大经济体，2016 年国内生产总值进一步增加到 744127 亿元。伴随着经济的快速增长，居民的收入和财产也经历了快速的积累过程。相关研究表明，我国居民的财产自改革开放以来呈现出快速增长的态势。李实等(2005)以及奈特等(Knight 等，2018)利用中国居民收入分配调查数据考察了居民财产分布格局的变动，其研究表明，1995—2002 年居民人均总财产净值实际增长了 1.14 倍，而 2002—2013 年居民人均总财产净值则实际增长了 4.53 倍。[②]

尽管中国经济在近几年步入结构调整期，增长速度有所减缓，但居民人均财产依旧保持着较高的增长速度。经济日报社的中国家庭财富调查团队，提供了居民财产分布格局的最新图景。表 2-1 至表 2-4 根据中国家庭财富调查数据，整理了 2015—2018 年

---

① 罗楚亮、李实、赵人伟：《我国居民的财产分布及其国际比较》，《经济学家》2009 年第 9 期。

② 李实、魏众、丁赛：《中国居民财产分布不均等及其原因的经验分析》，《经济研究》2005 年第 6 期。

Knight, John, Li Shi and Wan Haiyuan, "China's Increasing Inequality of Wealth: Piketty with Chinese Characteristics?", Department of Economics Discussion Paper Series, No.862, 2018, University of Oxford.

中国居民人均财产净值及其各个组成部分的相关情况。

表2-1显示,2015年我国家庭人均财富为144197元,其中,城镇家庭和农村家庭的人均财富分别为208317元和54780元。城镇家庭的人均财富是农村家庭人均财富的3.22倍。

表2-1　2015年中国家庭人均财富的规模及其构成

类别	全国		城镇		农村	
	金额（元）	占比（%）	金额（元）	占比（%）	金额（元）	占比（%）
房产净值	94605	65.61	140863	67.62	37312	57.60
金融资产	23776	16.49	33237	15.96	12057	18.61
动产与耐用消费品	15175	10.52	22088	10.60	6612	10.21
生产经营性资产	10149	7.04	15204	7.30	3886	6.00
非住房负债	-2882	-2.00	-3076	-1.48	-2643	-4.08
土地价值	3375	2.34	0	0	7556	11.66
总计	144197	100	208317	100	54780	100

表2-2显示,2016年我国家庭人均财富为169077元,其中,城镇家庭和农村家庭的人均财富分别为240023元和76751元。与2015年相比,家庭人均财富增加了24880元,增长幅度为17.25%;城镇和农村的家庭人均财富分别增加了31705元和11981元,增长幅度分别为15.22%和18.49%。

表2-2　2016年中国家庭人均财富的规模及其构成

类别	全国		城镇		农村	
	金额（元）	占比（%）	金额（元）	占比（%）	金额（元）	占比（%）
房产净值	111582	65.99	164841	68.68	42281	55.08
金融资产	27104	16.03	36388	15.16	15024	19.57
动产与耐用消费品	17837	10.55	24689	10.29	8922	11.62

类别	全国		城镇		农村	
	金额（元）	占比（%）	金额（元）	占比（%）	金额（元）	占比（%）
生产经营性资产	11248	6.65	15902	6.63	5191	6.76
非住房负债	-2034	-1.20	-1796	-0.75	-2343	-3.05
土地价值	3340	1.98	0	0	7685	10.01
总计	169077	100	240023	100	76761	100

表2-3显示,2017年我国家庭人均财富为194332元,其中城镇家庭和农村家庭的人均财富分别为274724元和84099元。与2016年相比,家庭人均财富增加了25255元,增长幅度为14.94%;城镇和农村的家庭人均财富分别增加了34701元和7338元,增长幅度分别为14.46%和9.56%。

表2-3 2017年中国家庭人均财富的规模及其构成

类别	全国		城镇		农村	
	金额（元）	占比（%）	金额（元）	占比（%）	金额（元）	占比（%）
房产净值	128943	66.35	191495	69.70	43174	51.34
金融资产	31601	16.26	41442	15.08	18108	21.53
动产与耐用消费品	20571	10.59	28114	10.23	10228	12.16
生产经营性资产	11445	5.89	14944	5.44	6647	7.90
非住房负债	-1225	-0.63	-1270	-0.46	-1163	-1.38
土地价值	2997	1.54	0	0	7106	8.45
总计	194332	100	274724	100	84099	100

表2-4显示,2018年我国家庭人均财富为208883元,其中城镇家庭和农村家庭的人均财富分别为292920元和87744元。与2017年相比,家庭人均财富增加了14551元,而城镇和农村的家庭人均财富分别增加了18196元和3645元。

表 2-4　2018 年中国家庭人均财富的规模及其构成

类别	全国		城镇		农村	
	金额（元）	占比（%）	金额（元）	占比（%）	金额（元）	占比（%）
房产净值	142185	68.07	208999	71.35	45872	52.28
金融资产	33327	15.95	43316	14.79	18928	21.57
动产与耐用消费品	24168	11.57	32733	11.17	11822	13.47
生产经营性资产	7538	3.61	9652	3.3	4490	5.12
非住房负债	-1347	-0.64	-1781	-0.61	-721	-0.82
土地价值	3012	1.44	0	0	7354	8.38
总计	208883	100	292920	100	87744	100

第二节　中国家庭人均财富的规模与构成

一、中国家庭人均财富的构成及其城乡和地区差异

本书分析了家庭人均财富的规模及其城乡和地区差异。为了从财富来源的角度理解中国家庭财富的形成以及分配状况，本书也分析了中国家庭财富的构成。一般而言，家庭财富由金融资产、房产净值、动产与耐用消费品、生产经营性资产、非住房负债以及土地六大部分组成。房产净值是指房产现价减去住房债务，而非住房负债是指除住房债务以外的其他一切债务。

从家庭财富的构成来看（见表 2-1），房产净值是家庭财富最重要的组成部分。在全国家庭的人均财富中，房产净值的占比为 65.61%；在城镇和农村家庭的人均财富中，房产净值的比重分别为 67.62% 和 57.60%。金融资产在家庭财富中也有着极为重要的

地位。金融资产在全国、城镇和农村家庭的人均财富中,分别占到了 16.49%、15.96% 和 18.61%。动产与耐用消费品也是家庭财富的重要组成部分,但其在家庭人均财富中的比重没有呈现出显著的城乡差异。生产经营性资产在城乡家庭的人均财富中有着一定的城乡差异,其在城镇和农村家庭人均财富中的比重分别为7.30% 和 6.00%。可以看到,我国城乡家庭的非住房负债并不高,非住房负债在城镇和农村家庭人均财富中的占比分别仅为-1.48% 和 -4.08%。与城镇家庭不同,农村家庭的财富还包括土地的价值。2015 年农村家庭的人均土地价值为 7556 元,占到了家庭人均财富的 11.66%。

　　家庭人均财富的增长一方面是由于收入的累积作用,另一方面则是财产的市场价值有所提高的表现。2016 年房价的继续走高,推动了房产净值的增长。表 2-1 和表 2-2 显示,相比 2015 年,2016 年全国居民的房产净值增加了 16977 元,增长幅度达到了17.95%。城镇居民更多地从房产价格的上升中获益,城镇的房产净值增加了 23978 元,而农村的房产净值增加了 4969 元。房产净值的增长也成为家庭人均财富增长的最重要因素。对全国居民而言,房产净值的增长额占到了家庭人均财富增长额的 68.24%。与农村居民相比,城镇居民房产净值的增长在家庭人均财富增长中的比重更大。城镇居民和农村居民房产净值的增长额分别占到了家庭人均财富增长额的 75.62% 和 41.48%。

　　表 2-3 显示,从结构上看,2017 年全国居民的住房净值比2016 年增加了 17361 元,增长幅度达到了 15.56%。房产净值的增长是全国家庭人均财富增长的最重要因素。对全国居民而言,房产净值的增长额占到了家庭人均财富增长额的 68.74%。此外,

金融资产、动产与耐用消费品分别增加了 4497 元和 2734 元,增长幅度分别为 16.59% 和 15.33%;两者的增长额分别占到了家庭人均财富增长额的 17.81% 和 10.83%。

表 2-4 表明,相比 2017 年,2018 年全国居民的住房净值增加了 13242 元,增长幅度达到了 10.27%。房产净值的增长仍体现为全国家庭人均财富增长的最重要因素。对全国居民而言,房产净值的增长额占到了家庭人均财富增长额的 91%。此外,金融资产、动产与耐用消费品分别增加了 1726 元和 3597 元,增长幅度分别为 5.46% 和 17.49%;两者的增长额分别占到了家庭人均财富增长额的 13.03% 和 27.16%。

除了城乡差异以外,家庭财富也存在着一定的地区差异。图 2-1 刻画了 2017 年家庭人均财富的地区差异。如图 2-1 所示,2017 年东部地区的家庭人均财富水平最高,中部地区次之,西部地区最低。从数值上看,东部地区的家庭人均财富为 261054 元,中部地区和西部地区分别为 156273 元和 114250 元。东部地区的家庭人均财富分别是中部地区和西部地区的 1.67 倍和 2.29 倍。

家庭人均财富的地区差异不仅体现在总体规模上,而且也反映在家庭人均财富的组成上。表 2-5 显示,从结构上看,家庭人均财富的组成也存在着一定的地区差异。2017 年,东部和西部地区房产净值占到了家庭财富的三分之二左右,而中部地区的房产净值只占家庭财富总额的 58.28%。东部和中部地区的金融资产在家庭财富中的比重则要高于西部地区。这也在一定程度上反映了东中部地区居民更多地融入了金融市场。尽管相比中部和西部地区居民而言,东部地区居民所拥有的动产与耐用消费品更多,但东部地区动产与耐用消费品在家庭财富中的比重却要低于中部地区。从金额和比重来看,中部地区的生产经营性资产都要多于东部、西部地区。在非住房负债方面,东部地区的非住房负债要高于中部、西部地区。在土地价值方面,中部、西部地区的土地价值要高于东部地区。这在一定程度上与东部地区更高的城市化比例有关。

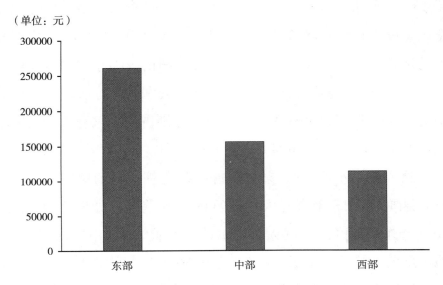

图 2-1　2017 年家庭人均财富的地区差异

表 2-5　2017 年东部、中部、西部地区家庭人均财富的结构

类别	东部		中部		西部	
	金额（元）	占比（%）	金额（元）	占比（%）	金额（元）	占比（%）
房产净值	181540	69.54	91075	58.28	77808	68.10
金融资产	41390	15.85	29900	19.13	13944	12.20
动产与耐用消费品	25871	9.91	19442	12.44	11327	9.91
生产经营性资产	11293	4.33	13544	8.67	8565	7.50
非住房负债	-1433	-0.55	-1187	-0.76	-853	-0.75
土地价值	2404	0.92	3498	2.24	3459	3.03
总计	261064	100	156273	100	114250	100

二、不同财富等分组的家庭人均财富规模与构成

我们也根据家庭人均财富的多寡将样本分成了三等分组,进而考察不同财富等分组的家庭人均财富规模与构成情况。表2-6和表2-7分别列出了2015年财富的最低三等分组和最高三等分组的家庭人均财富的规模与构成。表2-6显示,2015年在财富的最低三等分组中,房产净值依然是家庭财富最为重要的组成部分,分别占到了城镇家庭和农村家庭人均财富的51.56%和77.35%;金融资产在全国家庭、城镇家庭和农村家庭人均财富的比重分别为39.57%、43.18%和28.41%;动产与耐用消费品以及生产经营性资产在家庭人均财富的比重不存在明显的城乡差异;非住房负债的金额在城乡家庭之间的差异不大,但农村家庭非住房负债在家庭人均财富中的比重要高于城镇家庭。这反映了财富较低的农村家庭有着较大的债务负担。土地价值对财富最低三等分组的农村居民具有重要意义。对财富最低三等分组的农村居民而言,46.44%的家庭人均财富为土地价值。

表2-6 2015年家庭人均财富的组成:最低三等分组

类别	全国		城镇		农村	
	金额 (元)	占比 (%)	金额 (元)	占比 (%)	金额 (元)	占比 (%)
房产净值	5363	57.88	6522	51.56	3928	77.35
金融资产	3667	39.57	5462	43.18	1443	28.41
动产与耐用消费品	2461	26.56	3436	27.17	1253	24.68
生产经营性资产	1191	12.86	1633	12.91	644	12.68
非住房负债	-4469	-48.23	-4405	-34.83	-4548	-89.57
土地价值	1053	11.37	0	0	2353	46.44
总计	9267	100	12648	100	5078	100

表2-7报告了2015年财富的最高三等分组的家庭人均财富

总量和构成情况。表 2-7 显示,2015 年在财富最高三等分组中,房产净值依然是家庭人均财富最为重要的部分,但城镇家庭中房产净值在人均财富的比重要高于农村家庭。除了房产净值之外,在财富最高三等分组中,金融资产以及动产与耐用消费品在城乡家庭的财富组成中也占据了十分重要的地位。财富最高三等分组家庭的非住房负债只占人均财富的 0.73%,即便在农村家庭中,非住房负债也只占到了人均财富的 1.22%。对财富最高三等分组农村家庭而言,土地价值在人均财富中的占比仅为 9.10%。

比较财富最低三等分组和最高三等分组可以发现,最高三等分组和最低三等分组之间在家庭人均财富上存在着非常大的差异。就全国家庭而言,财富最高三等分组家庭的人均财富为349752 元,财富最低三等分组的家庭人均财富为 9267 元,前者是后者的 37.74 倍。城镇地区财富最高三等分组和最低三等分组在人均财富上的差异更大,最高三等分组的人均财富达到了最低三等分组的 40.29 倍。农村地区财富最高三等分组和最低三等分组之间在人均财富上的差异略小,但前者的人均财富也已达到了后者的 29.83 倍。

财富最低三等分组和最高三等分组在人均财富上的差异不仅体现在总量上,而且也体现在财富的结构上。两者在财富结构上最明显的差异体现在非住房债务上。可以看到,财富最高三等分组在非住房债务的金额上非常低,城镇家庭和农村家庭的非住房负债分别为 3123 元和 1844 元。而在财富最低三等分组中,城镇家庭和农村家庭的非住房负债分别为 4405 元和 4548 元。从相对份额看,财富最高三等分组和最低三等分组在非住房债务上的差异更为显著。在财富最高三等分组中,城镇家庭和农村家庭的非住房负债在人均财富中的比例分别为-0.61%和-1.22%。而在财富最低三等分组中,城镇家庭和农村家庭的非住房负债在人均财富中的比例分别达到了-34.83%和-89.57%。此外,对农村家庭而言,财富最高三等分组和最低三等分组在土地价值上的差异也非常明显。土地价值在财富最低三等分组农村家庭人均财富的占比为46.44%,而在财富最高三等分组农村家庭人均财富的占比仅为9.10%。

表 2-7   2015 年家庭人均财富的组成:最高三等分组

类别	全国		城镇		农村	
	金额（元）	占比（%）	金额（元）	占比（%）	金额（元）	占比（%）
房产净值	227810	65.13	343756	67.45	84043	55.47
金融资产	56297	16.10	77494	15.21	30015	19.81
动产与耐用消费品	35193	10.06	50907	9.99	15710	10.37
生产经营性资产	26850	7.68	40605	7.97	9795	6.47
非住房负债	-2552	-0.73	-3123	-0.61	-1844	-1.22
土地价值	6153	1.76	0	0	13783	9.10
总计	349752	100	509638	100	151501	100

第三节   不同人群组的家庭人均财富

本书根据户主特征对样本进行了分类,并考察了各个子样本的家庭人均财富状况。表 2-8 基于 2015 年中国家庭财富调查数据,报告了根据户主文化程度分类的家庭人均财富状况。表 2-8 显示,户主文化程度不同的家庭,在人均财富上存在着较大的差异。例如,户主文化程度为本科或本科以上的家庭,其人均财富是户主文化程度为小学或小学以下的家庭的 3.06 倍。

图 2-2 直观地展现了户主文化程度与家庭人均财富之间的单调递增关系。可以看到,随着户主文化程度的提高,家庭人均财富呈现出逐渐增加的趋势。从增长幅度看,不同文化程度对人均财富的增长作用存在着差异。对城镇家庭而言,户主文化程度从初中上升到高中能够带来最大幅度的家庭人均财富增长;对农村家庭而言,户主文化程度从小学或小学以下升为初中也会使得家庭人均财富出现最大幅度的增长。

表 2-8　2015 年根据户主文化程度分类的家庭人均财富　（单位:元）

受教育水平	全国	城镇	农村
小学或小学以下	123574	211696	69862
初中	175211	246893	90019
高中	256388	302067	108224
大专	279351	311054	121996
本科或本科以上	378424	403140	122792

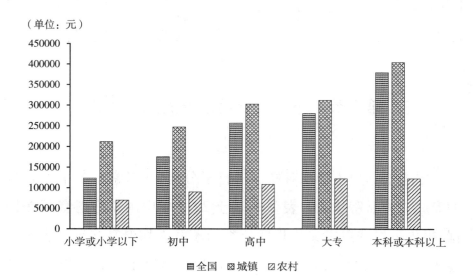

图 2-2　2015 年根据户主文化程度分类的家庭人均财富

　　除了教育以外,健康也是人力资本的重要组成部分。健康对收入以及财富都有着促进作用。表 2-9 报告了根据户主健康状况进行分类的家庭人均财富状况。从表 2-9 可以看到,户主的健康状况对家庭人均财富有着较大的影响。户主健康状况良好、一般以及欠佳的家庭的人均财富在 2015 年分别为 211120 元、165651 元和 106706 元。可以看到,对城乡家庭而言,户主健康状况良好与户主健康状况一般的家庭在人均财富上的差距较小,而户主健康状况一般与户主健康状况欠佳的家庭在人均财富上的差距较大。这说明,户主健康状况欠佳对家庭财富的积累具有明显的不利影响。

表 2-9　2015 年根据户主健康状况分类的家庭人均财富　（单位:元）

健康水平	全国	城镇	农村
健康状况良好	211120	282629	94291
健康状况一般	165651	259122	72372
健康状况欠佳	106706	201943	44726

　　户主的就业身份也影响着家庭人均财富。表 2-10 报告了根据户主就业身份区分的家庭人均财富情况。从表 2-10 可以看到,户主的就业身份为雇主的家庭拥有最高的家庭人均财富。尽管与雇主一样,自营劳动者除了劳动收入以外,还能获得经营性收入,但由于经营规模较小,户主为自营劳动者的家庭,收入相对较低,而收入的累积性作用使得以自营劳动者为户主的家庭在人均财富方面处于较低的水平。相对户主为雇主以及户主为自营劳动者的家庭而言,户主就业身份为雇员的城镇家庭在人均财富上处于中间位置。2015 年在城镇地区,户主就业身份为雇员的家庭的人均财富分别是户主为雇主以及户主为自营劳动者的家庭的

0.91 倍和 1.04 倍。在农村地区,户主就业身份为雇员的家庭的人均财富分别是户主为雇主以及户主为自营劳动者的家庭的0.97 倍和 1.22 倍。

表 2-10　2015 年根据户主的就业身份分类的家庭人均财富（单位:元）

就业身份	全国	城镇	农村
雇主	234657	304951	100887
雇员	227612	277901	97423
自营劳动者	137293	267912	79702
其他	146765	197777	97181

本书也根据户主的职业对样本进行了分类。表 2-11 显示,户主职业与家庭人均财富具有一定的相关性。在城镇样本和全国样本中,户主为单位或部门负责人的家庭有着最高的人均财富。在全国样本中,户主为单位或部门负责人的家庭的人均财富在2015 年达到了 301799 元。而在城镇样本中,户主为单位或部门负责人的家庭的人均财富在 2015 年为 363903 元。户主为非技术工人或农民的家庭的人均财富水平最低。在全国样本中,户主为非技术工人或农民的家庭的人均财富仅为 113567 元。在城镇和农村样本中,户主为非技术工人或农民的家庭的人均财富分别为182396 元和 75322 元。

表 2-11　2015 年根据户主的职业分类的家庭人均财富　（单位:元）

职业	全国	城镇	农村
个体户主或私营业主	250600	305239	122870
专业技术人员	246535	292403	99018
单位或部门负责人	301799	363903	111621
办事人员	278750	314422	107209

续表

职业	全国	城镇	农村
技术工人	197571	253317	104134
非技术工人或农民	113567	182396	75322
其他	114003	193721	76319

户主工作单位的所有制性质也影响着家庭人均财富。表2-12显示,户主工作单位所有制性质的不同,会使得家庭人均财富存在较大的差异。在城镇地区,户主工作单位为外资企业的家庭拥有最多的人均财富,而户主在机关事业单位工作的家庭的人均财富居于第二位。而在农村地区,户主在机关事业单位工作的家庭有着最高的人均财富水平,这也部分地反映了就业方面的城乡差异。无论是在城镇地区还是在农村地区,户主在个体私营企业工作的家庭,其人均财富都处于最低的水平。

表2-12 2015年根据户主工作单位的所有制性质分类的家庭人均财富

(单位:元)

单位所有制	全国	城镇	农村
机关事业单位	313938	352211	125389
国有企业	273203	286223	114088
集体企业	196527	237137	103127
外资企业	330590	382827	123389
个体私营企业	170707	255420	85032

第三章　家庭房产

　　家庭资产分为实物资产和金融资产,其中实物资产主要由房屋、土地、大件耐用消费品构成;金融资产则主要包括现金、储蓄、股票、债券、基金和保险等。从国际比较来看,尽管由于我国金融市场发展程度较低,与发达国家有较大差距,从而风险性金融资产配置水平过低,金融资产配置呈现过于偏重储蓄的单一化倾向,然而,在实物资产配置方面,与大多数国家相似,房产是我国家庭的主要资产。

　　自 2003 年 8 月颁布《国务院关于促进房地产市场持续健康发展的通知》,明确提出房地产业成为国民经济的支柱产业以来,房地产市场迅速发展。伴随着城市化的进一步深入和宽松的货币环境,近年来房价出现了持续上涨的趋势,这在强化房价上涨预期的同时,也催生了住房的投资和投机性需求。居民家庭住房持有的不均等程度提高,房产也成为拉大居民财产差距的直接原因。房价高企一方面使越来越多的有实际住房需求的居民家庭难以承担,住房原有的居住属性逐渐被金融属性取代;

另一方面投资和投机性需求催生的高房价也带来了房地产泡沫和金融风险的隐忧,房地产投资的高额利润更是挤压了实体经济的发展。在这一背景下,2016年年底,中央经济工作会议明确提出:"房子是用来住的,不是用来炒的"[①],让住房重回居住属性,并陆续出台了一系列房地产调控政策。2017年,随着供给侧结构性改革不断深化,房地产调控政策重心也逐渐从需求侧转向供给侧,坚持因城施策,大力发展住房租赁市场,推进"共有产权"住房建设,优化土地供应制度,加强房地产金融业务监管,完善住房保障体系。2017年10月,党的十九大进一步明确了"坚持房子是用来住的、不是用来炒的定位,加快建立多主体供给、多渠道保障、租购并举的住房制度,让全体人民住有所居"[②],为未来房地产市场的发展指出了明确的方向。2018年以来,房地产调控延续了党的十九大提出的房地产市场改革目标,并进一步推进房地产税立法工作,房价上涨趋势总体上得到有效控制。

　　本部分将使用2015—2018年中国家庭财富调查数据对居民家庭的房产状况进行分析。由于部分指标在不同年份调查时存在差异,只有2018年的调查是最全面的,因此,本部分将首先使用2018年的数据介绍居民家庭的最新房产状况,然后使用多个年份的可比较数据对近年来的房产状况的变化情况进行分析。

---

　　① 《习近平谈治国理政》第二卷,外文出版社2017年版,第367页。
　　② 习近平:《决胜全面建成小康社会　夺取新时代中国特色社会主义伟大胜利——在中国共产党第十九次全国代表大会上的报告》,人民出版社2017年版,第47页。

第一节　家庭自有房产套数、面积及出租情况

一、家庭自有房产套数

（一）2018 年家庭自有房产套数概况

根据调查数据,2018 年,93.03%的居民家庭拥有 1 套房产,拥有两套及以上房产的家庭占比为 3.82%,没有房产的家庭仅占 3.15%。平均而言,全国家庭自有房产套数为 1.02 套,即每个家庭平均拥有 1 套房产。其中农村和城镇居民家庭拥有的平均房产套数分别为 1.01 套和 1.02 套;东部、中部、西部地区家庭自有房产套数分别为 1 套、1.03 套和 1.03 套。具体而言,农村地区没有房产的家庭占比低于城镇,但城镇居民家庭拥有多套房产的占比高于农村家庭,可见自有房产方面,城镇地区房产数量的不均等程度高于农村地区。需要指出的是,由于城镇居民家庭中包含农民工家庭,而农民工家庭大多拥有自有房产,且房产多分布在农村地区,这就意味着很多农民工家庭存在人房分离的情况,进而高估了城镇户籍居民家庭的实际房产拥有数量。分地区来看,东部地区家庭没有房产的比例最高,该比例达到 5.38%,西部地区次之,为 1.33%,中部地区最低,为 1.3%。主要是因为东部地区是人口尤其是较低收入的农业转移人口的净流入地,而近年来东部地区房价大幅上升,无法负担高房价的人口比例也较高。但东部地区拥有两套及以上住房的家庭比例达到 4.91%,中部、西部地区的相应数值则只有 3.24%和 2.44%。由此可见,东部地区拥有房产的

不均等程度高于中部、西部地区,这与东部、中部、西部地区收入不均等程度的趋势是一致的。

表 3-1 2018 年家庭自有房产套数概况

类别	家庭房产套数					
	全国	农村	城镇	东部	中部	西部
均值	1.02	1.01	1.02	1.00	1.03	1.03
套数占比(%)						
0 套	3.15	0.84	4.75	5.38	1.30	1.33
1 套	93.03	97.13	90.19	89.71	95.46	96.23
2 套	3.16	1.92	4.01	4.35	2.65	1.45
3 套	0.49	0.06	0.79	0.40	0.57	0.56
4 套	0.12	0.03	0.17	0.11	0.01	0.27
5 套及以上	0.05	0.02	0.09	0.05	0.01	0.16

分省份来看,户均房产套数最多的省份为陕西省(见图 3-1),达到 1.11 套,户均房产套数最少的是广东省,仅为 0.774 套。然而,尽管陕西省户均房产套数最高,但其分布却不平均。我们使用房产套数的变异系数来度量房产套数的分布情况。从全国来看,户均房产套数为 1.02 套,变异系数为 0.3388。而陕西省房产套数的变异系数达到 0.5946,仅次于广东省的 0.6342。从套数分布来看,广东省没有房产的家庭占比是全国最高的,达到 25.36%,拥有 1 套和 2 套房产的家庭占比分别为 72.29% 和 2.01%,拥有 3 套及以上房产的家庭占比只有 0.34%。而陕西省没有房产的家庭为 5.26%,拥有 1 套和 2 套房产的家庭分别为 86.04% 和 3.87%,拥有 3 套及以上房产的家庭占比则达到 4.84%,这一数值也是全国最高的。说明广东省居民家庭的持有房产套数的差异主要来自是否有房产,而陕西省居民家庭持有房产套数的差异主要在于是否

有多套房产。这从侧面说明户均房产套数并不是一个描述家庭房产拥有情况的完美指标,也是我们通常看到的统计数据与个人感受存在差异的具体表现,即出现"被平均"的情况。

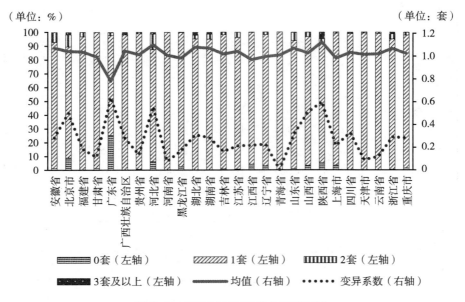

图 3-1 2018 年不同省份的房产套数

注:左轴为拥有 0 套、1 套、2 套、3 套及以上房产的家庭在所列省份的百分比,右轴为各省房产套数均值和变异系数。

北上广由于房产价格较高而受到社会普遍关注。北京市的户均房产套数为 1.03 套,高于全国平均水平,但其变异系数也较高,在被调查的 26 个省份中位列全国第四,达到 0.5。北京市没有房产的家庭占比仅次于广东省,达到 9.10%,拥有 1 套、2 套、3 套及以上家庭的占比分别为 80.47%、8.64% 和 1.79%,说明北京市没有房产的家庭较多,但同时拥有多套房产的比例也相对较高。

上海市的户均房产套数为 0.97 套,仅高于广东省和江西省,其房产套数的变异系数为 0.22。上海市没有房产的家庭占比为 3.53%,拥有 1 套、2 套、3 套及以上房产的家庭占比分别为

95.57%、0.21%和0.34%,上海市尽管没有达到户均1套房的水平,但其房产套数差异也相对较小。

我们单独计算了广州市的房产拥有情况。广州市户均房产套数为0.78套,与广东省的平均水平基本持平。其房产变异系数为0.64,远高于北京市和上海市。广州市没有房产的家庭占比高达31.39%,拥有1套、2套、3套及以上房产的家庭占比分别为66.16%、2.10%和0.35%,说明与广东省的基本情况相似,广州市居民家庭在房产方面的差距也在于是否拥有房产。

总体来看,北京市、上海市、广州市三个城市居民家庭的房产持有情况差异较大。北京市户均房产套数稍高于全国水平,但其拥有多套房产的家庭和没有房产的家庭占比均较高,居民家庭房产持有套数的差异较大,政策措施需要同时考虑没有房产和多套房产的问题。广州市的问题主要在于没有房产的家庭比例极高,这需要政府采取一些措施,关注这部分家庭的居住问题。上海市则处于中间水平,尽管户均房产套数在全国来看相对较低,但这主要是因为房价较高。相对于同样房价较高的北京市和广州市而言,上海市没有房产的家庭比例也相对较低,居民家庭房产套数的差异不大。

(二)家庭自有房产套数的变化

根据表3-2,其他年份房产分布的城乡差异与2018年相同,农村家庭没有房产的比例低于城镇家庭,而拥有多套房产的比例也低于城镇家庭,说明城镇居民家庭的房产不平等程度更高。从地区差异来看,东部地区居民家庭的房产不平等程度高于中部、西部地区。

　　总体而言,2015 年以来,拥有多套房产的家庭占比在逐渐下降,而拥有一套房产的家庭占比在逐渐上升,尽管 2018 年没有房产的家庭占比较 2017 年有一个小幅回升,但与 2005 年和 2006 年相比,2017 年和 2018 年没有房产的家庭占比有明显下降,说明近年来中国家庭的房产不平等程度处于下降的趋势。农村地区、城镇地区以及东部、中部、西部地区均有类似的趋势。

表 3-2　2015—2018 年家庭房产套数占比变化　　　　（单位:%）

年份	全国	农村	城镇	东部	中部	西部
0 套房产家庭占比						
2015	5.20	3.50	7.40	6.77	3.57	7.48
2016	6.56	4.08	8.46	6.93	4.53	8.92
2017	2.20	0.87	3.17	3.47	1.56	0.55
2018	3.14	0.84	4.75	5.38	1.30	1.33
1 套房产家庭占比						
2015	83.80	87.40	79.20	80.68	83.65	83.76
2016	85.07	88.08	82.76	82.52	87.54	86.55
2017	91.66	93.25	90.51	87.85	93.83	96.21
2018	93.03	97.13	90.19	89.71	95.46	96.23
2 套及以上房产家庭占比						
2015	11.00	9.10	13.40	12.55	12.78	8.76
2016	8.37	7.82	8.78	10.56	7.94	4.53
2017	6.14	5.88	6.32	8.68	4.61	3.24
2018	3.82	2.03	5.06	4.91	3.24	2.46

(三)家庭特征与自有房产套数

　　什么样的家庭拥有更多的房产? 近几年数据表明,家庭特征与自有房产套数的关系没有显著变化,因此,我们使用 2018 年的数据,根据户主和家庭特征对样本进行分类,考察不同类型家庭的房产状况。表3-3列出了户主或家庭特征与家庭自有房产套数之间的关系。

从数据来看,(1)户主年龄与家庭自有房产套数基本呈正相关。随着户主年龄上升,没有房产的家庭比例在下降。这是因为房产投资需要一定的资本积累,年轻家庭要积累足够的购房款需要一定的时间。(2)户主是男性的家庭拥有房产数量稍高于户主是女性的家庭,但这种差异在统计上并不显著。(3)户主受教育水平越高,家庭没有房产的比例反而在上升,其中,大学及以上学历的户主中,家庭没有房产的比例达到 8.36%,而小学及以下受教育水平的户主中,家庭没有房产的比例仅为 1.36%。一个重要的原因在于,随着我国教育事业的快速发展,年轻人的受教育水平远高于老年人,呈现出受教育水平较高的户主其年龄也较低的特点(小学及以下、初中、高中/高职/中专、大专、大学及以上受教育水平的户主的平均年龄分别为 60 岁、49 岁、42 岁、37 岁和 35岁),而年轻人的资本积累时间有限,从而限制了家庭购买房产的能力。如果控制户主年龄、户主的就业特征和家庭人均可支配收入,则户主家庭拥有房产的数量将随着受教育水平的增加而上升。(4)从就业身份来看,户主是雇主身份的家庭拥有房产数量最多,平均为 1.082 套,然而,户主为雇主的家庭没有房产和拥有 2 套以上房产的占比均较高,可能是户主为雇主的家庭收入差异较大,导致该类家庭房产拥有数量的方差较大。自营劳动者没有房产的比例最低,主要是因为这类就业类型中包括了农民家庭,这与房产拥有套数的城乡差异是一致的。(5)户主是个体或私营企业主的家庭拥有房产数量高于户主在其他工作单位的家庭,其平均房产套数为 1.022 套,户主在外资企业工作的家庭房产套数最低,这主要是因为在外资企业工作的户主年龄较低,平均只有 38 岁。(6)从户主的职业种类来看,户主是个体户或私营业主的家庭,平均拥有房产套数最多。户主为专业技术人员的家庭拥有较低的房产数量,平均只有 0.901 套,没有房产的比例达到 11.58%,主要是因为专业技术人员平均年龄较低,只有 38 岁。(7)将家庭人均可支配收入分为三等分考察不同收入的居民家庭房产拥有情况发现,家庭人均可支配收入处于中等的家庭拥有的房产套数最高,为 1.041 套,其拥有多套房产的比例也高于低收入家庭和高收入家庭,高收入家庭没有房产以及拥有多套房产的比例均较高,可能是高收入家庭的资产配置呈多样化趋势。有趣的是,在控制户主年龄的条件下,高收入家庭与低收入家庭拥有房产的数量在统计上并不存在显著差异。

表 3-3　2018 年户主或家庭特征与家庭自有房产套数　（单位:%）

类别	平均套数	0 套	1 套	2 套及以上	总计
年　龄					
30 岁以下	0.831	20.13	77.18	2.69	100
30—40 岁以下	0.978	5.16	92.22	2.62	100
40—50 岁以下	1.022	1.63	95.5	2.87	100
50—60 岁以下	1.054	1.23	93.92	4.85	100
60 岁及以上	1.048	1.20	93.77	5.03	100
性　别					
女性	0.997	7.99	85.85	6.16	100
男性	1.019	2.76	93.61	3.63	100
受教育水平					
小学及以下	1.042	1.36	94.23	4.41	100
初中	1.032	2.46	93.23	4.31	100
高中/高职/中专	0.991	4.65	92.16	3.19	100
大专	0.961	6.33	91.68	1.99	100
大学及以上	0.939	8.37	89.71	1.92	100

类别	平均套数	0套	1套	2套及以上	总计
就业身份					
雇主	1.082	7.80	86.43	5.77	100
雇员	1.013	4.28	92.31	3.41	100
自营劳动者	1.070	1.28	95.87	2.85	100
其他	0.980	6.5	89.96	3.54	100
工作单位					
机关事业单位	0.977	5.06	92.64	2.30	100
国有企业	0.987	4.08	93.35	2.57	100
集体企业	0.972	8.44	86.93	4.63	100
外资企业	0.953	8.77	87.63	3.60	100
个体私营企业	1.022	3.06	93.02	3.92	100
土地承包者	1.014	0.67	97.44	1.89	100
其他	0.985	3.97	94.45	1.58	100
职业种类					
个体户主或私营业主	1.042	2.54	92.90	4.56	100
专业技术人员	0.901	11.58	86.74	1.68	100
单位或部门负责人	0.978	5.94	90.97	3.09	100
办事人员	0.999	5.10	90.54	4.36	100
技术工人	1.012	2.29	94.81	2.90	100
非技术工人或农民	1.016	1.74	95.72	2.54	100
其他	0.994	3.23	95.21	1.56	100
家庭人均收入					
低收入组	1.017	1.41	96.02	2.57	100
中等收入组	1.041	2.09	93.12	4.79	100
高收入组	0.995	5.85	90.02	4.13	100

二、房产面积

(一)2018年房产面积概况

由于只有2018年调查了房产面积情况,因此,在分析房产面积时仅使用 2018 年的数据(见图 3-2)。根据家庭财富调查,2018 年全国户均房产面积达到 137.56 平方米,其中农村地区户均面积大大超过城镇地区,两者分别为 171.60 平方米和 113.93 平方米,农村户均房产面积是城镇的 1.51 倍。分地区来看,中部地区户均房产面积最高,为 142.52 平方米,其次是东部地区,为 135.82 平方米,西部地区则为 133.66 平方米。

从人均房产面积来看,全国人均房产面积为 43.06 平方米。分城乡来看,农村人均房产面积仍然超过城镇地区,两者分别为 51.56 平方米和 37.16 平方米,只是这种差异较户均面积的城乡差异小,具体而言,农村居民家庭人均房产面积为城镇的 1.39 倍,主要是因为农村家庭规模较城镇大,农村和城镇的户均家庭规模分别为 3.55 人和 3.24 人。分地区来看,东部、中部、西部地区人均房产面积逐渐上升,分别为 41.34 平方米、43.75 平方米和 45.57 平方米。

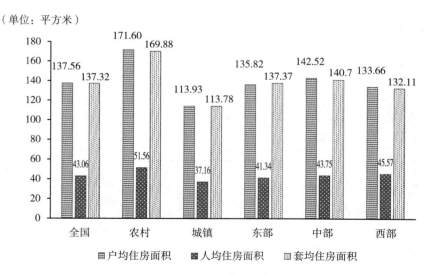

图 3-2　2018 年家庭房产面积

套均面积是拥有房产的家庭每套房产的面积,这也是反映房产户型大小的一个指标。当然,由于隐瞒房产套数的动机比隐瞒房产面积的动机更强,从而套均面积可能存在高估的情况。由于93.03%的居民家庭拥有1套房产,所以户均面积与套均面积基本一致,全国套均面积为137.32平方米。农村地区套均面积远大于城镇地区,农村和城镇的套均面积分别为169.88平方米和113.78平方米,东部、中部、西部地区的套均面积则分别为137.37平方米、140.7平方米和132.11平方米。

(二)家庭特征与家庭房产面积

根据户主和家庭特征将调查数据分为不同的样本,结果表明(见表3-4),(1)随着年龄上升,户均房产面积、人均房产面积和套均面积基本呈上升趋势,这与年龄和家庭房产套数之间的关系的结论是一致的。作为家庭财富的重要组成部分,房产数量和面积都会随着年龄增长而不断积累。(2)户主为女性的家庭房产面积较户主为男性的家庭大。(3)家庭房产面积随着户主受教育程度的提高而下降,主要是因为户主年龄与受教育水平呈反方向变化。(4)农村居民房产面积大于城镇居民,由于农民是自营劳动者和土地承包者的主要构成部分,因而户主为自营劳动者和土地承包者的家庭房产面积均高于其他就业身份和工作单位的居民家庭。(5)户主为雇主的居民家庭户均房产面积较雇员家庭少,主要是因为雇主的收入不确定性较大,雇主家庭之间的收入差距也较大,没有房产的雇主家庭比例高于雇员家庭比例,从而户均房产面积低于雇员家庭。然而,在有房产的家庭中,雇主的套均面积高于雇员家庭,说明与雇员家庭相比,能负担得起房产的雇主家庭也更有能力购买更大户型的房产。(6)户主工作单位为个体私营企业的家庭,户均房产面积和套均面积均较高,户主在国有企业工作的家庭,户均房产面积和套均面积均最低。尽管户主在集体企业工作的家庭房产面积在平均值上超过户主在机关事业单位工作的居民家庭,但由于集体企业样本较小,这种差异并不显著。(7)除了非技术工人和农民以及其他类别职业的户主家庭房产面积最高以外,户主为个体户主或私营业主的家庭房产面积也较高,房产面积稍低的依次是户主为技术工人、办事人员、单位或部门负责人的家庭,专业技术人员家庭房产面积最低。

表3-4 2018年家庭特征与家庭房产面积　　（单位:平方米）

户主特征	户均面积	人均面积	套均面积
年　龄			
30 岁以下	96.95	33.72	116.80
30—40 岁以下	117.81	34.72	121.45
40—50 岁以下	137.21	39.27	136.01
50—60 岁以下	155.45	47.76	151.09
60 岁及以上	145.69	51.35	141.49
性　别			
女性	143.29	46.51	146.97
男性	137.09	42.78	136.59
受教育水平			
小学及以下	154.67	50.13	150.98
初中	143.80	43.15	142.43
高中/高职/中专	121.94	36.79	124.09
大专	106.21	34.38	111.18
大学及以上	93.06	32.91	99.50
就业身份			
雇主	128.20	38.82	132.13
雇员	129.87	39.90	131.73
自营劳动者	152.36	45.82	150.31
其他	181.27	51.94	188.44

续表

户主特征	户均面积	人均面积	套均面积
工作单位			
机关事业单位	110.23	38.60	113.52
国有企业	94.19	33.54	95.90
集体企业	125.52	38.79	131.46
外资企业	99.26	31.97	104.75
个体私营企业	137.03	40.20	136.56
土地承包者	169.98	52.29	167.79
其他	177.64	53.76	182.72
职业种类			
个体户主或私营业主	141.63	41.03	139.38
专业技术人员	100.02	32.56	110.49
单位或部门负责人	106.87	34.78	109.95
办事人员	123.76	37.59	125.14
技术工人	137.86	41.86	138.10
非技术工人或农民	153.96	46.92	153.25
其他	157.23	48.90	160.54

三、拥有房产家庭的房产出租套数

房产出租的情况在一定程度上反映了居民家庭房产拥有数量的均等程度,如果一个地区没有房产的居民家庭和拥有多套房产的家庭数量均较高,则房产出租的情况也更普遍。与此同时,劳动力的跨区域流动也会增加租住房产的需求,劳动力流入较多的地区,租住房产的需求也更高。

(一)2018 年家庭房产出租套数

从调查数据来看,2018 年拥有房产的家庭平均房产出租套数为 0.026 套,其中,城镇房产出租套数高于农村,两者这一数值分别为 0.038 套和 0.008 套。此外,东部地区房产出租情况更普遍,平均出租房产 0.042 套,而中部和西部地区的这一数据为 0.011 套和 0.017 套。

从具体出租套数来看,农村存在房产出租情况的家庭仅占 0.48%,而城镇的这一比例为 2.86%(见表 3-5),此外,城镇地区出租多套房产的家庭占比较高。由于城镇地区自有房产套数在居民家庭中的分布更不平均,没有房产的家庭和拥有多套房产的家庭均较农村地区高,因而城镇地区房产出租的情况也更普遍,同时,当前中国正处在劳动力由农村向城镇转移的城镇化过程中,因而城镇地区的租房需求也更高,房产出租比例自然也较高。

分区域来看,东部地区出租房产的家庭占比较高,其次是西部地区,中部地区出租房产的比例相对较低。这也反映了劳动力的流动趋势。东部地区是劳动力的主要流入地,对房产租住需求也最高。尽管中部、西部地区劳动力流出均较多,但相对于中部地区而言,西部地区劳动力跨省和跨区域流动少,主要在省内和区域内流动,因而西部地区租房需求要稍高于中部地区。

表 3-5 2018 年拥有房产家庭的房产出租情况

类别	拥有房产家庭的房产出租套数					
	全国	农村	城镇	东部	中部	西部
均值	0.026	0.008	0.038	0.042	0.011	0.017
套数占比(%)						
0 套	98.13	99.51	97.14	96.81	99.31	98.97
1 套	1.52	0.39	2.34	2.71	0.51	0.72
2 套	0.21	0.04	0.32	0.32	0.11	0.14
3 套	0.03	0.01	0.05	0.03	0.01	0.04
4 套	0.06	0.01	0.09	0.06	0.02	0.10
5 套及以上	0.05	0.04	0.06	0.07	0.04	0.03

（二）家庭房产出租情况的变化

从表3-6可以看出,2015年至2018年,出租房产家庭的城乡和区域分布情况没有大的变化。具体而言,农村地区存在房产出租的居民家庭占比低于城镇居民家庭,东部地区存在房产出租的居民家庭占比高于中部、西部地区。

近年来主要的变化在于,拥有房产的家庭中,出租房产的家庭占比下降了。从数据上来看,出租0套房产的家庭占比在逐渐上升,2015年这一数字为93.8%,2018年则逐渐上升至98.13%。无论是农村还是城镇,无论东部、中部还是西部地区,均呈现明显的一致变化趋势。主要原因在于,居民家庭拥有房产的不平等程度在下降(见表3-2),因而房产出租的供给和需求均有所下降。

表3-6　2015—2018年家庭房产出租套数占比变化　（单位:%）

年份	全国	农村	城镇	东部	中部	西部
出租0套房产的家庭占比						
2015	93.80	96.50	90.20	92.67	92.82	92.37
2016	95.46	96.91	94.29	94.12	96.09	97.24
2017	97.49	98.70	96.58	96.51	98.32	98.18
2018	98.13	99.51	97.14	96.81	99.31	98.97
出租1套房产的家庭占比						
2015	5.80	3.20	9.10	6.49	5.90	6.14
2016	3.76	2.64	4.66	4.78	3.24	2.45
2017	2.30	1.27	3.06	3.30	1.54	1.44
2018	1.52	0.39	2.34	2.71	0.51	0.72
出租2套及以上房产的家庭占比						
2015	0.40	0.30	0.70	0.84	1.28	1.49
2016	0.78	0.45	1.06	1.10	0.66	0.30
2017	0.22	0.03	0.38	0.19	0.14	0.37
2018	0.36	0.09	0.52	0.49	0.17	0.31

（三）家庭特征与房产出租套数

2018 年,拥有房产的不同特征家庭出租房产的情况见表 3-7。(1)尽管不同户主年龄的出租房产套数在平均数上有一定的差异,但这种差异在统计上并不显著。(2)不同受教育水平的户主家庭也是如此,在控制其他因素后,户主受教育水平与家庭房产出租套数之间不存在显著的统计关系。(3)户主是女性的拥有房产的家庭出租房产的数量高于户主是男性的家庭。(4)户主是雇主身份的家庭出租房产的数量远高于其他就业身份的家庭,其次是户主为雇员的居民家庭,户主为自营劳动者的居民家庭出租房产数量最低。(5)户主在集体企业工作的居民家庭出租房产的数量最多,户均出租 0.062 套,在机关事业单位工作的户主家庭房产出租套数位居其次,户均出租 0.036 套。户主为土地承包者的家庭房产出租套数最低。(6)从户主的职业种类与家庭房产出租套数的关系来看,拥有房产而且户主是技术工人的家庭出租房产套数最多,户均出租 0.043 套,其次是户主为单位或部门负责人、专业技术人员的家庭,户主为非技术工人或农民的家庭房产出租数量最低。(7)家庭房产出租套数随着家庭人均收入水平提高而增加。

表 3-7　2018 年户主或家庭特征与家庭自有房产出租套数　（单位:%）

类别	平均套数	0 套	1 套	2 套及以上	总计
年　龄					
30 岁以下	0.038	97.18	2.03	0.79	100
30—40 岁以下	0.019	98.73	0.91	0.36	100
40—50 岁以下	0.027	98.23	1.52	0.25	100
50—60 岁以下	0.025	98.09	1.52	0.39	100
60 岁及以上	0.028	97.78	1.91	0.31	100

续表

类别	平均套数	0套	1套	2套及以上	总计
性　别					
女性	0.035	97.20	2.30	0.50	100
男性	0.025	98.21	1.46	0.33	100
受教育水平					
小学及以下	0.024	98.25	1.39	0.36	100
初中	0.024	98.27	1.51	0.22	100
高中/高职/中专	0.031	97.78	1.74	0.48	100
大专	0.026	98.15	1.42	0.43	100
大学及以上	0.026	97.72	1.92	0.36	100
就业身份					
雇主	0.070	94.12	4.79	1.09	100
雇员	0.026	98.12	1.51	0.37	100
自营劳动者	0.015	99.11	0.69	0.20	100
其他	0.057	96.27	3.05	0.68	100
工作单位					
机关事业单位	0.036	97.28	2.13	0.59	100
国有企业	0.023	97.81	2.02	0.17	100
集体企业	0.062	95.73	3.46	0.81	100
外资企业	0.030	97.44	2.08	0.48	100
个体私营企业	0.022	98.50	1.16	0.34	100
土地承包者	0.011	99.27	0.61	0.12	100
其他	0.018	99.00	0.77	0.23	100
职业种类					
个体户主或私营业主	0.023	98.44	1.22	0.34	100
专业技术人员	0.026	97.53	2.29	0.18	100
单位或部门负责人	0.035	97.35	2.02	0.63	100
办事人员	0.025	98.31	1.33	0.36	100
技术工人	0.043	97.27	2.00	0.73	100
非技术工人或农民	0.012	99.22	0.63	0.15	100
其他	0.021	98.16	1.66	0.18	100

续表

类别	平均套数	0套	1套	2套及以上	总计
家庭人均收入					
低收入组	0.012	99.14	0.69	0.17	100
中等收入组	0.029	97.88	1.82	0.30	100
高收入组	0.036	97.34	2.09	0.57	100

第二节　房产价值和房产负债余额

一、2018 年房产价值和房产负债余额概况

房产是居民家庭资产的最重要组成部分,表 3-8 列出了人均房产价值及人均房产负债余额。其中,我们使用房产现值扣除房产负债来计算房产净值。调查期内,全国人均房产净值平均为 144443.2 元,是人均可支配收入 30763.48 元的 4.7 倍。人均房产现值为 149999.7 元,而人均房产原值仅为 89676.28 元,房产升值幅度为 67.27%。人均房产债务余额为 8822.052 元,相对于房产现值而言,负债率仅为 5.88%。

表 3-8　2018 年人均房产价值及房产负债余额　　　　（单位:元）

类别	人均房产净值	人均房产原值	人均房产现值	人均房产负债余额
全国	144443.20	89676.28	149999.70	8822.052
农村	46597.03	37646.70	46930.46	1279.313
城镇	212343.10	125955.30	221524.10	14060.620
东部	206894.40	115393.10	215554.70	12741.260
中部	97683.34	70419.40	101878.70	7573.746
西部	86270.44	65415.31	87476.05	2635.944

类别	人均房产净值	人均房产原值	人均房产现值	人均房产负债余额
收入分位数				
10%及以下	41406. 35	27175. 93	41777. 29	613. 91206
(10%,20%]	47060. 59	30436. 86	47450. 96	842. 45878
(20%,30%]	59535. 67	43101. 88	60244. 03	1793. 5885
(30%,40%]	78657. 14	58012. 10	80365. 52	3544. 9752
(40%,50%]	96928. 50	67313. 24	99093. 85	4630 5293
(50%,60%]	117876. 10	77291. 17	121926. 30	6798. 7996
(60%,70%]	159504. 90	99343. 38	164553. 20	9754. 6275
(70%,80%]	202381. 20	118062. 40	209805. 70	13170. 978
(80%,90%]	267988. 10	153270. 00	282121. 30	19941. 617
90%以上	441735. 80	256986. 50	465577. 90	32691. 088

分城乡来看,农村居民人均房产净值仅为 46597. 03 元,而城镇的相应数据为 212343. 1 元,是农村房产净值的 4. 56 倍,远高于城乡居民家庭人均可支配收入之比(城乡居民人均可支配收入分别为 39686. 84 元和 17900. 35 元,两者的比值为 2. 22),这也说明以房产衡量的城乡居民家庭资产的差距比城乡居民收入差距更大。农村居民人均房产现值为 46930. 46 元,原值为 37646. 7 元,农村房产升值幅度仅为 24. 66%,而城镇居民家庭则从人均房产原值 125955. 3 元上升为人均房产现值 221524. 1 元,升值幅度达到 75. 88%。从房产债务余额来看,农村和城镇居民的相应数据为 1279. 313 元和 14060. 62 元,相对于房产现值而言,农村和城镇人均房产负债率分别为 2. 73%和 6. 35%,说明尽管城镇居民家庭房产现值高,但其房产债务负担也较高。

分地区来看,房产价值呈现明显的地区差距。东部、中部、西部地区人均房产净值分别为206894.4元、97683.34元和86270.44元,东部地区房产净值明显高于中部、西部地区,是中部地区的2.12倍,西部地区的2.4倍,其差距远高于东部与中部地区以及东部与西部地区的人均可支配收入之比(分别为1.57倍和2.04倍),中部、西部地区之间的房产价值差距则较小。说明中国地区间资产差距较大,且主要体现在东部地区与中部、西部地区的差距上。房产现值和原值的地区差距也基本一致。东部地区人均房产现值为215554.70元,而中部和西部地区则分别为101878.70元和87476.05元。从房产原值来看,西部地区房产原值为65415.31元,中部地区为70419.4元,而东部地区则达到115393.1元。东部地区房产升值幅度为86.8%,中部地区升值幅度为44.67%,而西部地区则为33.72%。尽管东部地区房产价值较高,但债务余额也相对较高,东部、中部、西部地区人均房产债务余额为12741.26元、7573.746元和2635.944元,相对于房产现值的负债率分别为5.91%、7.43%和3.01%。

将人均可支配收入分为10个分位组考察人均房产价值在不同收入分位组的情况。调查发现,随着可支配收入提高,家庭拥有的人均房产净值也在逐渐上升,其中,10%及以下分位组的居民家庭人均房产净值仅为41406.35元,而人均可支配收入最高的10%分位组居民家庭的人均房产净值达到441735.8元,是最低分位组的10.66倍。人均房产原值和人均房产现值也基本呈现随人均可支配收入增加而增加的趋势。房产债务余额和负债率也随着家庭人均可支配收入的增加而上升,主要是因为高收入家庭房产购买能力强,近年来随着房价上涨以及对未来房价上涨的预期,房地产市场需求强劲,不管哪个收入水平的家庭,配置在房产上的资产都在增加,更高收入的家庭融资能力更强,从而房产负债和杠杆率也较高。

二、房产价值和房产负债的变化

2015 年至 2017 年的房产价值和房产负债特征与 2018 年基本相同。具体而言,人均房产现值远高于人均房产原值,说明房产增值幅度很大。在扣除负债以后,房产净值仍然高于房产原值,说明购房总体上表现为净资产的提升。从城乡差别来看,农村居民家庭的房产价值远低于城镇居民家庭,这是城乡居民家庭财产差距的主要来源。当然,农村居民家庭的房产负债余额也相对较低,这与城乡居民家庭的债务负担能力是一致的。从区域差距来看,房产价值和房产负债均体现出东部最高、中部其次和西部最低的趋势,这也是东部、中部、西部地区居民家庭财产差距的重要表现。

从 2015 年以来的变化情况来看,人均房产净值、人均房产原值和人均房产负债余额大致呈现逐渐上升的趋势,城镇和农村地区,东部、中部和西部地区均如此。与此同时,城乡之间的房产差距在拉大。2015 年,城镇和农村居民家庭的人均房产净值之比为 3.88,而这一数值在 2018 年逐渐上升至 4.557。人均房产现值的变化趋势也是如此,城乡之比从 2015 年的 3.86 上升至 2018 年的 4.72。与之相应地,人均房产负债余额的城乡差距扩大趋势也较为明显。然而,区域差距的变化趋势则没有这么明确,东部和中部以及东部和西部之间的房产价值和房产负债差距呈现出一定的波动性。

表 3-9　2015—2018 年的人均房产价值和房产负债　　（单位:元）

年份	全国	农村	城镇	东部	中部	西部
人均房产净值						
2015	110379.90	42766.69	166070.90	165136.20	79326.18	57547.61
2016	111581.90	42281.42	164840.50	166403.80	70079.82	61576.97
2017	131611.40	43992.41	195511.80	185312.10	92950.85	79400.10
2018	144443.20	46597.03	212343.10	206894.40	97683.34	86270.44
人均房产原值						
2015	57292.49	27727.70	81369.07	73033.29	49824.98	37757.60
2016	82111.85	36967.20	117067.50	127052.50	47803.64	42110.81
2017	76740.62	36465.78	106246.60	112939.10	45731.81	49430.02
2018	89676.28	37646.70	125955.30	115393.10	70419.40	65415.31
人均房产现值						
2015	114113.10	44470.51	171831.70	169968.20	81897.45	62158.18
2016	115669.10	43914.24	170814.00	172366.50	72487.36	64350.78
2017	135989.20	44872.46	202440.40	192762.90	95274.96	80548.35
2018	149999.70	46930.46	221524.10	215554.70	101878.70	87476.05
人均房产负债余额						
2015	4283.026	1881.617	6210.761	4760.032	3512.074	4449.919
2016	5934.72	2606.31	8491.88	8494.96	4019.33	3552.00
2017	5374.44	2182.90	7700.96	9533.41	2520.63	1243.05
2018	8822.052	1279.313	14060.62	12741.26	7573.746	2635.944

三、家庭特征与房产价值和房产负债

根据 2018 年的调查数据,表 3-10 列出了不同户主特征与家庭的人均房产价值和房产负债情况。(1)户主年龄越小,家庭人均房产净值、人均房产原值、人均房产现值以及房产负债余额均越高,一方面是因为户主年龄较小的家庭购房时间较晚,房产价值较高,同时,由于买房资本积累不足,需要借贷的资金较多,而还贷时间较短,从而房产债务余额也较高;另一方面是因为户主年龄较小

的家庭人口规模较小,从而提高了人均房产价值和房产负债。但从房产升值的角度来看,购房越早的家庭,房产升值幅度越大,由于户主年龄在一定程度上可以反映购房时间,户主年龄的变化趋势与房产升值趋势相吻合,30 岁以下至 60 岁及以上 5 个年龄段户主家庭的房产升值幅度分别为 45.5%、56.12%、49.88%、62.95%和129.77%,而家庭人均房产负债率则呈现与户主年龄相反的变化趋势,户主年龄越大,家庭房产负债率越低。(2)户主为男性的家庭人均房产价值较户主为女性的家庭低,房产升值比例和房产负债率也低于户主为女性的家庭。(3)随着户主受教育水平提高,房产价值和房产负债余额基本呈上升趋势。(4)户主为雇员的家庭人均房产净值高于其他就业身份的户主家庭,主要是因为这类家庭房产现值较高,而房产债务余额较低。户主为自营劳动者的家庭人均房产价值和房产负债均低于户主为雇主和雇员的家庭,这部分家庭主要是农民家庭。此外,户主为雇主的家庭房产负债率最高,可能是因为他们的资产配置较为分散,杠杆率也较高。(5)在外资企业工作的户主家庭人均房产净值最高,但由于在外资企业工作的户主年龄较低,房产原值、现值和负债余额均较高,所以其以净值为基础估算的负债率也高于其他工作单位的户主家庭。户主在国有企业和机关事业单位工作的家庭房产净值仅次于户主在外资企业工作的家庭,房产升值比例也是最高的。(6)从户主的职业种类来看,户主是单位负责人或部门负责人的家庭人均房产净值最高,其次是专业技术人员和办事人员。尽管专业技术人员的人均房产净值较高,但其负债率却是最高的。

表 3-10　2018 年户主特征与家庭人均房产价值和

房产负债及房产升值与情况　　　　　　（单位:元）

类别	人均房产净值	人均房产原值	人均房产现值	人均房产债务余额	房产升值比例(%)	房产负债率(%)
年　龄						
30 岁以下	193095.07	145291.40	211397.04	24091.62	45.50	11.40
30—40 岁以下	170612.66	117022.41	182694.50	17549.14	56.12	9.61
40—50 岁以下	135979.50	93858.95	140676.92	7611.40	49.88	5.41
50—60 岁以下	128653.61	80514.36	131200.14	5897.26	62.95	4.49
60 岁及以上	137666.46	60497.64	139007.86	2642.73	129.77	1.90
性　别						
女性	147779.80	83208.62	153369.96	9081.69	84.32	5.92
男性	144262.57	90225.63	149815.19	8802.27	66.05	5.88
受教育水平						
小学及以下	86071.48	52493.49	87393.73	3298.01	66.48	3.77
初中	127710.38	74619.14	130115.09	4729.65	74.37	3.63
高中/高职/中专	174826.14	113064.81	182006.99	11395.33	60.98	6.26
大专	259906.93	163812.57	276198.36	22437.20	68.61	8.12
大学及以上	339433.09	224571.92	369537.72	39657.52	64.55	10.73
就业身份						
雇主	140572.62	121785.82	153076.11	16718.73	25.69	10.92
雇员	172073.90	109219.40	180743.70	12875.78	65.49	7.12
自营劳动者	78632.94	63056.52	80695.38	4325.27	27.97	5.36
其他	82042.28	53956.29	82770.30	2139.24	53.40	2.58
工作单位						
机关事业单位	260363.34	147121.61	271147.18	16655.75	84.30	6.14
国有企业	276355.60	144796.94	290138.45	17572.52	100.38	6.06
集体企业	148330.95	87306.73	154604.44	9454.90	77.08	6.12
外资企业	303886.76	201186.84	331600.50	37701.68	64.82	11.37
个体私营企业	128201.68	94098.89	134355.17	9998.45	42.78	7.44
土地承包者	51601.63	41159.78	52173.25	1533.00	26.76	2.94
其他	60339.77	42265.63	60848.04	1119.46	43.97	1.84

续表

类别	人均房产净值	人均房产原值	人均房产现值	人均房产债务余额	房产升值比例(%)	房产负债率(%)
职业种类						
个体户主或私营业主	120340.66	98834.71	125362.90	9067.30	26.84	7.23
专业技术人员	255923.01	167183.20	275335.48	25518.56	64.69	9.27
单位或部门负责人	294950.55	192754.04	315593.37	27099.22	63.73	8.59
办事人员	173991.41	111341.56	183694.30	16502.17	64.98	8.98
技术工人	163482.64	99895.47	169363.96	8434.17	69.54	4.98
非技术工人或农民	72441.43	50576.20	74170.65	2773.13	46.65	3.74
其他	107139.97	66908.37	108721.17	2773.23	62.49	2.55

第三节 住房性质

一、住房性质的政策因素

我国居民房产持有状况和住房性质与住房政策发展有直接关系。计划经济时期,住房是社会主义福利制度的一个组成部分,通过国家计划分配,而非购买获得。城镇居民的住房依赖于政府和单位。20 世纪 80 年代初,由于住房短缺,我国开始推行住房改革,实行住房商品化政策。20 世纪 90 年代末,为了刺激内需,推动经济增长,再加上住房市场经过多年的发展逐渐成熟,我国明确停止住房实物分配,实行以市场为主的住房供应体系。2003 年 8 月,国务院颁布了《国务院关于促进房地产市场持续健康发展的通知》,明确提出房地产业成为国民经济的支柱产业。自此,房地产市场迅速发展,并在 2008 年金融危机后房价上涨速度加快。房地产市场化的结果是,住房供应结构出现明显问题,保障性住房不足是最主要的表现。尽管20世纪90年代末期房地产改革时提出住房供应体系以经济适用房为主导,但市场需求直接驱使房地产供给转向中高端,经济适用房的市场供给激励不足,最终经济适用房的供给只能依靠非市场手段解决。随着房地产市场化深入,住房结构问题也愈加突出。2007年8月国务院常务会议通过了《国务院关于解决城市低收入家庭住房困难的若干建议》,明确提出住房保障的重点是廉租住房,动态管理和有限产权认购经济适用房,划分了市场和政府在住房供给上的边界。党的十八大以来,为深化住房制度改革、健全住房供应体系,先后推行了公共租赁住房和廉租房并轨、共有产权住房和租购并举等政策,多渠道保障低收入群体的住房需求。

住房的多供给渠道表现为住房性质的多样化,福利住房政策的历史因素也会对家庭住房持有状况和住房性质产生影响。经济发展程度则是保障性住房建设的一把"双刃剑",一方面,经济发展程度越高的地区,保障性住房的财政供给能力也越强,进而有更强的保障性住房建设能力;另一方面,经济发展程度越高的地区,土地价值和商品房的需求也越高,进一步提高了政府供给商业性住房用地的激励,降低保障性住房建设的动力。此外,随着劳动力市场化改革的深入,劳动力的乡城流动和城城流动也愈加频繁,住房的持有和居住分离,这在乡城流动人口中表现得更为明显,这意味着拥有住房并不一定表明家庭能够实际享受自有住房带来的居住满足感。与此同时,传统的基于户籍人口规划的公共服务也表现在保障性住房供给上,这就使得流动人口尤其是农民工难以实际享受城镇的保障性住房福利。

房价上升一方面使得房产成为家庭投资的重要标的物,另一方面也让更多的低收入家庭意图通过市场方式解决住房需求变得越来越困难。这在扩大财产差距的同时,也迫使政府不得不面对完善保障性住房体系的压力,以解决低收入群体的住房需求。从党的十八大提出"建立市场配置和政府保障相结合的住房制度,加强保障性住房建设和管理",再到党的十九大提出"坚持房子是用来住的、不是用来炒的定位,加快建立多主体供给、多渠道保障、租购并举的住房制度,让全体人民住有所居",体现了房地产市场的变化形势,也表明了政府对房地产定位的变化和对住房保障的决心。

二、2018 年住房性质概况

表 3-11 列出了不同性质的住房所占比例。中国农村居民家庭居住房屋主要是自建住房,这一占比达到 94.59%,而城镇地区则主要是购买的住房,这一比例为 61.42%,其中购买新建商品房的比例为 36.26%,购买二手房的比例和购买政策性住房的比例相近,分别为 10.97% 和 14.19%。农村地区住户购买住房的比例较低,为 3.10%。

分东部、中部、西部地区来看,自建住房在中部农村地区占比最高,达到 98.45%,其次是东部农村,为 92.67%,最后是西部农村,也达到 92.03%。从政策性住房来看,中部城镇地区无论是在廉租房、公租房还是经济适用房、两限房、自住型商品房建设方面均好于东部和西部地区,东部城镇地区政策性住房的发展情况居中,西部城镇地区政策性住房建设最差。

表 3-11　2018 年不同性质的住房所占比例　　　　（单位:%）

类别	全国	农村	城镇	东部农村	东部城镇	中部农村	中部城镇	西部农村	西部城镇
住单位房/雇主房	0.52	0.21	0.74	0.13	0.94	0.34	0.79	0.16	0.10
单位或雇主提供的免费住房	0.58	0.08	0.92	0.2	1.77	0.01	0.09	0	0.04
租住私人房屋	2.13	0.60	3.18	1.46	4.39	0.14	1.81	0	2.24
政府提供的廉租房	0.16	0.12	0.19	0.26	0.11	0.05	0.19	0.01	0.40
政府提供的公租房	0.08	0.09	0.06	0.22	0.13	0	0	0.02	0
购买的政策性住房	8.99	1.49	14.19	0.38	16.23	0.23	17.63	4.84	3.16
购买的新建商品房	21.81	1	36.26	2.09	28.47	0.22	34.92	0.51	59.11
购买的二手房	6.73	0.61	10.97	0.99	13.11	0.46	9.46	0.26	7.80
自建住房	53.18	94.59	24.43	92.67	23.03	98.45	27.44	92.03	23.21
企产房	0.34	0	0.57	0	1.05	0	0.16	0	0
公产房	0.29	0.01	0.48	0.02	0.93	0	0.06	0	0
房改房	2.78	0.09	4.65	0.23	6.55	0	3.87	0	0.88
其他	2.43	1.12	3.34	1.35	3.30	0.11	3.58	2.17	3.06

由于农村地区住房主要是自建住房,而城镇地区住房性质差异化较为明显,且由于户籍制度限制,城镇地区农民工和非农民工群体在住房保障等方面存在差异,因而我们将城镇地区居民分为农民工家庭和非农民工家庭,并将非农民工家庭按照人均可支配收入分为低、中、高收入组,考察不同群体、不同收入水平的城镇非农民工家庭住房性质分布(见表 3-12)。

从表 3-12 可以看出,农民工家庭住房性质主要为自建住房,这一比例为 59.66%,而购买住房比例较低,其中购买新建商品房、购买二手房和购买政策性住房的比例分别为 13.78%、6.91% 和 2.62%。而城镇非农民工家庭购买新建住房的比例较高,这一比例达到 38.35%,其次是购买二手房和购买政策性住房,占比分别为 11.35% 和 15.27%。在政策性住房方面,无论是购买还是租住,农民工占比均远低于城镇非农民工家庭,说明政策性住房作为政府保障低收入群体住房的有效手段,对占低收入群体主要组成部分的农民工家庭的保障很有限。

表 3-12　2018 年不同的城镇居民家庭住房性质分布　（单位:%）

类别	农民工家庭	城镇非农民工家庭	城镇非农民工家庭收入分组		
			低收入	中等收入	高收入
住单位房	0.87	0.72	0.59	0.78	0.83
单位提供的免费住房	2.27	0.80	0.33	0.46	1.79
租住私人房屋	8.69	2.67	1.64	1.76	5.04
廉租房	0.35	0.18	0.40	0.03	0.05
公租房	0.07	0.06	0.03	0.05	0.13
购买的政策性住房	2.62	15.27	12.45	16.21	17.82
购买的新建商品房	13.78	38.35	34.06	40.40	41.54
购买的二手房	6.91	11.35	8.99	14.05	11.3
自建住房	59.66	21.15	32.04	14.39	14.87
企产房	0	0.63	0.74	0.57	0.55
公产房	0.90	0.44	0.22	0.29	0.91
房改房	1.49	4.94	4.23	6.61	3.94
其他	2.39	3.43	4.27	4.38	1.25

但从城镇非农民工家庭来看,随着家庭收入提高,购买住房的比例也在上升,而自建住房的比例则呈下降趋势。在政策性住房方面,实际租住廉租房的家庭中,低收入家庭占比稍高,其次是高收入家庭,总体来看,廉租房还是以保障低收入家庭为主。但对于公租房而言,随着居民收入的提高,租住公租房的城镇非农民工家庭比例在提高,说明公租房的分配中,低收入可能不是最主要的因

素。在购买政策性住房方面,随着居民收入的提高,城镇居民家庭购买政策性住房的比例也在增加,主要是因为政策性住房的购买也取决于居民家庭的购房能力,尤其是近年来投入的自住型商品房或者是共有产权房,收入不再是唯一决定因素,因而购房能力较强的居民家庭更可能享受该类型的政策性住房。总体来看,除了农民工难以获得城镇的政策性住房以外,即便是城镇居民家庭,政策性住房在为低收入家庭提供住房保障方面也还存在一定的问题。

三、家庭特征与住房性质

由于农村居民家庭以自建住房为主,此处使用 2018 年的调查数据讨论城镇居民家庭的户主特征与住房性质之间的关系,当然这里的城镇居民家庭包括农民工家庭。

城镇不同户主特征家庭的住房性质见表 3-13。(1)随着户主年龄的提高,城镇居民家庭租住私人房屋居住的比例在下降,主要是因为户主年龄较大的家庭拥有住房的比例较高,其中,户主为 30 岁以下的城镇居民家庭租住私人住房的比例为 18.23%,而 60 岁及以上的家庭的相应比例只有 0.92%。自建住房以及住房改房的比例随着户主年龄的提高而上升,而购买新建房和二手房的比例则随着户主年龄的提高而下降。(2)相对于户主为男性的家庭而言,户主为女性的家庭享受政策性住房(包括租住廉租房和公租房、购买政策性住房)的比例更高。(3)户主受教育水平越高的家庭,购买新建商品房的比例也越高,而自建住房的比例则越低。(4)户主为雇主的家庭购买新建商品房的比例高于其他就业身份的家庭,户主为雇主的家庭享受廉租房和公租房的比例也高

于其他家庭,但购买政策性住房的比例则低于其他家庭。(5)户
主在集体企业工作的家庭享受政策性住房(包括廉租房、公租房
和购买政策性住房)的比例最高,达到 19.68%,随后是户主为个
体或在私营企业工作的家庭,该比例均为 18.51%。户主在国有
企业工作的家庭享受房改房的比例最高,达到 8.56%,其次是户
主在集体企业工作的家庭,这个比例为 6.91%。(6)从职业种类
来看,户主为办事人员以及单位或部门负责人的家庭享受政策
性住房的比例高于其他职业种类的户主家庭,该比例分别为
22.51%和 21.61%。

表 3-13　城镇地区不同户主特征家庭的住房性质分布　　（单位:%）

类别	住单位房	单位提供免费住房	租住私人房屋	廉租房	公租房	购买政策性住房	购买新建商品房	购买二手房	自建住房	企产房	公产房	房改房	其他
年 龄													
30 岁以下	1.43	5.30	18.23	0.20	0.16	11.81	37.08	11.32	11.24	0.82	0.85	1.01	0.55
30—40 岁以下	0.30	1.33	4.13	0.10	0.08	14.89	41.88	17.14	14.29	0.55	0.31	1.97	3.04
40—50 岁以下	0.79	0.58	1.50	0.06	0.04	17.90	37.12	12.75	22.00	0.65	0.45	3.15	3.04
50—60 岁以下	0.89	0.10	1.25	0.17	0.04	14.06	34.17	7.14	32.77	0.46	0.44	5.15	3.36
60 岁及以上	0.73	0.18	0.92	0.51	0.08	9.36	30.21	5.07	35.97	0.53	0.65	10.68	5.11
性 别													
女性	2.47	1.18	8.07	0.57	0.08	15.80	27.82	12.37	22.47	2.06	1.34	3.77	1.51
男性	0.59	0.90	2.80	0.16	0.06	14.08	36.92	10.87	24.58	0.46	0.38	4.72	3.49
受教育水平													
小学及以下	0.30	0.25	1.19	0.50	0.02	14.17	26.44	5.58	41.93	0.73	0.46	4.25	4.18
初中	0.72	0.82	2.49	0.13	0.06	16.53	28.78	10.48	27.79	0.49	0.34	6.04	5.32
高中/高职/中专	1.11	1.18	3.84	0.09	0.05	12.54	42.92	14.57	14.76	0.45	0.58	5.34	2.57
大专	0.58	1.48	4.96	0.06	0	12.97	46.34	12.92	16.65	0.83	0.45	2.07	0.67
大学及以上	0.89	1.37	5.97	0.10	0.34	12.84	52.64	12.83	8.81	0.47	0.79	2.45	0.49

类别	住单位房	单位提供免费住房	租住私人房屋	廉租房	公租房	购买政策性住房	购买新建商品房	购买二手房	自建住房	企产房	公产房	房改房	其他
就业身份													
雇主	1.61	1.77	4.93	0.78	0.84	4.74	40.19	12.42	28.98	0	1.52	1.94	0.28
雇员	0.80	1.33	4.01	0.11	0.04	14.62	39.28	11.29	20.91	0.74	0.46	3.70	2.71
自营劳动者	0.20	0.15	2.04	0.15	0.08	16.63	27.21	13.94	33.21	0.14	0.26	1.77	4.22
其他	3.72	3.63	3.23	0	0	5.9	20.56	2.56	49.78	0.40	0	4.57	5.65
工作单位													
机关事业单位	0.91	1.63	3.07	0.04	0.11	8.49	51.52	11.43	17.24	0.09	0.32	3.70	1.45
国有企业	2.17	0.51	3.27	0	0.08	6.62	52.39	11.85	10.75	0	0.36	8.56	3.45
集体企业	1.86	0.76	10.75	0.15	0.15	19.38	24.61	8.13	25.93	0.25	0.53	6.91	0.57
外资企业	0.53	1.82	7.04	0.15	0	13.57	42.97	16.37	12.09	2.28	1.06	2.10	0
个体私营企业	0.39	0.98	3.13	0.10	0.06	18.35	34.16	12.90	22.79	0.75	0.45	2.28	3.67
土地承包者	0.48	0.48	0.44	0.18	0.07	0.26	7.14	6.33	84.15	0	0.20	0.27	0
其他	1.04	2.43	3.72	1.32	0	3.10	9.44	1.75	67.32	0	0.28	3.09	6.51
职业种类													
个体户主或私营业主	0.30	0.41	2.57	0.08	0.14	19.22	31.66	15.64	23.74	0.14	0.27	1.93	3.90
专业技术人员	1.88	3.63	6.11	0.12	0.18	11.63	48.73	9.61	14.26	0	1.04	1.50	1.31
单位或部门负责人	0.91	3.41	2.81	0.05	0.10	21.46	39.28	14.11	14.3	0.27	0.16	1.95	1.19
办事人员	0.70	1.15	4.99	0.04	0.05	22.42	39.94	10.48	14.25	0.73	0.68	3.28	1.28
技术工人	0.71	0.88	2.40	0	0	5.58	40.81	12.10	25.60	1.49	0.73	5.30	4.41
非技术工人或农民	0.57	0.25	2.55	0.30	0	3.48	34.29	8.52	39.98	0.65	0.1	4.58	4.72
其他	1.43	0.47	4.59	0.65	0.1	7.73	18.28	11.70	48.39	0	0.17	1.90	4.59

第四节　家庭年房产支出额

一、2018 年家庭年房产支出额概况

表 3-14 列出了 2018 年家庭年房产支出额的情况。从表 3-14 中可以看出，大多数家庭年房产支出额在 1 万元及以下，这

个比例达到 84.17%。农村居民家庭房产支出额小于城镇居民家庭,农村居民家庭房产支出额在 1 万元以下的比例为 95.02%,而城镇居民家庭这一比例为 76.64%。分地区来看,东部地区房产支出额高于中部、西部地区,东部地区支出额达到 5 万元以上的家庭占比为 4.44%,而中部和西部地区的相应比例只有 0.56% 和 0.16%。这主要与地区间收入和消费水平差异有关。

表 3-14　2018 年家庭年房产支出额在城乡、区域之间的分布 　　(单位:%)

类别	全国	农村	城镇	东部	中部	西部
[0,1 万元]	84.17	95.02	76.64	73.05	91.63	95.81
(1 万元,5 万元]	13.61	4.51	19.93	22.51	7.82	4.03
(5 万元,10 万元]	1.98	0.37	3.10	4.02	0.49	0.03
(10 万元,50 万元]	0.20	0.08	0.28	0.35	0.04	0.13
(50 万元,100 万元]	0.02	0	0.03	0.03	0	0
(100 万元,200 万元]	0.01	0.01	0	0.01	0	0
200 万元以上	0.01	0.01	0.02	0.02	0.03	0

二、家庭年房产支出额的变化

表 3-15 列出了 2015 年以来家庭年房产支出额的变化趋势。从数据中可以看出,总体而言,2015 年以来,居民家庭年房产支出额呈现下降趋势,支出额在 1 万元及以下的家庭占比逐渐上升,而房产支出额在 5 万元以上的家庭占比则呈逐渐下降趋势。这一变化趋势在城镇和农村均表现得较为明显。然而,在地区之间则存在一定的差异,其中东部地区房产支出额在 5 万元以上的家庭占比在 2016 年有一个上升趋势,这与 2016 年房地产市场交易火爆的现实相一致。随着政府对房地产市场调控的加强,2017 年以来房地产交易火热程度有所下降,进而房产支出额在 5 万元以上的

家庭占比也出现下降趋势。与东部地区不同的是,中部和西部地区家庭的房产支出额变化趋势则与全国趋势相一致,说明房地产交易存在地区分化的特征。

表 3-15　2015—2018 年家庭年房产支出额的分布 　　(单位:%)

类别	全国	农村	城镇	东部	中部	西部
2015 年						
[0,1 万元]	70.96	78.69	60.92	67.68	63.26	76.34
(1 万元,5 万元]	23.45	18.07	30.44	25.56	29.89	18.90
5 万元以上	5.59	3.24	8.63	6.77	6.85	4.76
2016 年						
[0,1 万元]	76.15	87.12	67.75	67.26	83.72	82.86
(1 万元,5 万元]	18.52	10.36	24.77	25.22	11.98	14.73
5 万元以上	5.34	2.53	7.49	7.53	4.30	2.41
2017 年						
[0,1 万元]	78.10	88.11	70.81	66.36	85.57	90.98
(1 万元,5 万元]	18.04	10.18	23.78	26.37	12.97	8.56
5 万元以上	3.84	1.72	5.42	7.25	1.45	0.46
2018 年						
[0,1 万元]	84.17	95.02	76.64	73.05	91.63	95.81
(1 万元,5 万元]	13.61	4.51	19.93	22.51	7.82	4.02
5 万元以上	2.23	0.48	3.43	4.44	0.56	0.16

三、家庭特征与家庭年房产支出额

表 3-16 列出了 2018 年不同户主特征与家庭特征下家庭年房产支出额的分布情况。(1)随着户主年龄提高,家庭年房产支出额在下降,主要是因为较为年轻的户主的家庭购房时间较短,或者是没有购房处于租房状态,从而家庭房贷支出或是租金支出较高,而户主年龄较大的家庭由于自有住房的比例较高,从而家庭房产支出仅剩物业费和取暖费等小额支出。(2)户主为女性的家庭房产支出高于户主为男性的家庭。(3)随着户主受教育水平提高,

家庭房产支出额也在上升,主要是因为户主受教育水平较高的家庭,住房方面的消费能力也较强。(4)户主为雇主的家庭房产支出高于户主为雇员的家庭,自营劳动者家庭房产支出额最低。(5)户主在外资企业工作的家庭房产支出最高,超过一半的户主在外资企业工作的家庭年房产支出额超过 1 万元,其中,超过 5 万元的比例达到 8.03%,超过 50 万元的比例也达到 0.14%,主要是因为该类家庭自有房产数量较低,房租和购房支出较高。户主为土地承包者的家庭房产支出最低,95.69% 的该类家庭房产支出不足 1 万。(6)从户主的职业种类来看,户主为部门或单位负责人的家庭房产支出最高,只有 55.82% 的该类家庭房产支出不足 1 万元,房产支出额超过 5 万元的比例高达 10%,其次是专业技术人员的户主家庭,房产支出额超过 5 万元的比例也达到 5.34%。(7)人均收入越高的家庭房产支出额越高,其中人均收入位于高收入组的家庭房产支出额不足 1 万元的只占 69.07%,超过 5 万元的家庭占比则达到 5.21%,而低收入家庭和中等收入家庭房产支出超过 5 万元的比例不足 2%。

表 3-16　2018 年不同家庭特征下家庭年房产支出额分布　（单位:%）

类别	[0,1万元]	(1万元,5万元]	(5万元,10万元]	(10万元,50万元]	50万元以上
年　龄					
30 岁以下	61.43	33.94	4.40	0.15	0.08
30—40 岁以下	77.76	19.15	2.69	0.31	0.09
40—50 岁以下	82.47	15.00	2.29	0.23	0.02
50—60 岁以下	88.24	9.97	1.64	0.13	0.01
60 岁及以上	92.25	6.72	0.87	0.12	0.04
性　别					
女性	78.72	18.89	2.11	0.20	0.08
男性	84.60	13.20	1.97	0.20	0.04

类别	[0,1万元]	(1万元,5万元]	(5万元,10万元]	(10万元,50万元]	50万元以上
受教育水平					
小学及以下	91.86	6.86	1.18	0.07	0.02
初中	88.37	10.11	1.27	0.22	0.04
高中/高职/中专	79.00	18.50	2.32	0.16	0.02
大专	65.97	30.21	3.44	0.21	0.17
大学及以上	55.21	35.70	8.01	1.03	0.04
就业身份					
雇主	68.57	27.76	3.17	0.5	0
雇员	78.69	18.51	2.53	0.22	0.06
自营劳动者	91.62	6.72	1.53	0.10	0.03
其他	85.45	13.87	0.54	0.14	0
工作单位					
机关事业单位	77.40	19.26	2.91	0.29	0.13
国有企业	75.01	22.04	2.36	0.59	0
集体企业	69.14	25.49	4.91	0.39	0.07
外资企业	45.02	46.94	7.12	0.77	0.14
个体私营企业	82.67	14.84	2.31	0.15	0.04
土地承包者	95.69	3.85	0.42	0	0.04
其他	95.32	4.21	0.34	0.13	0
职业种类					
个体户主或私营业主	83.01	13.60	3.13	0.20	0.05
专业技术人员	58.46	36.21	4.95	0.21	0.18
单位或部门负责人	55.82	34.17	9.11	0.72	0.17
办事人员	77.55	19.77	2.49	0.18	0.01
技术工人	82.73	15.44	1.55	0.25	0.03
非技术工人或农民	93.66	5.84	0.43	0.05	0.02
其他	89.51	9.89	0.40	0.13	0.06
家庭人均收入					
低收入组	95.44	4.23	0.21	0.06	0.05
中等收入组	88.41	10.56	0.91	0.09	0.03
高收入组	69.07	25.72	4.73	0.44	0.04

第五节　买卖房产计划

一、2018 年家庭买卖房产计划概览

未来一年的购房计划取决于家庭的需求和对房地产市场发展尤其是价格变化的预期。从表 3-17 来看,2018 年调查结果显示,未来一年内单纯要买房的家庭占比远高于单纯要卖房的家庭占比,两者分别为 5.39% 和 0.75%,除刚需的因素外,居民家庭对房地产投资的长期看好是一个重要因素,一方面是旺盛的购房需求,另一方面是惜售。从两者的对比可以看出,仅依靠二手房交易难以实现供需平衡,新建商品房仍然有较大的市场空间。换房的居民家庭主要为改善型需求,全国改善型住房需求占比为 1.59%。分城乡来看,农村居民家庭住房需求稍大于城镇居民家庭,这可能与近年来城市化和农村经济发展有关,较为富裕的农民家庭开始在县城或者是市区购房。从地区差异来看,东部地区住房需求最高,其次是中部地区,西部地区需求最低,供需缺口的地区排序也基本如此,这与近年来东部地区房地产市场火热有直接联系。

表 3-17　2018 年未来一年内买卖房产的计划　　　（单位:%）

房产计划	全国	农村	城镇	东部	中部	西部
有,想买房	5.39	6.00	4.97	7.15	5.94	0.93
有,想卖房	0.75	0.86	0.67	0.79	1.23	0.08
有,想换房	1.59	1.39	1.74	1.85	2.14	0.24
无	92.27	91.76	92.63	90.22	90.80	98.76

二、房产买卖计划的变化

表 3-18 列出的是各调查年度调查的未来一年购房计划,因此,每一年度内的买卖房产计划占比在很大程度上体现为后一年份预期买卖房产的需求。2016 年以来,全国预期有购房需求的家庭占比(包括买房和换房)在逐渐下降,从 2016 年的 13.1%下降至 2019 年的 6.98%。总体来看,以限购和提高购房成本等降低需求为主的房地产调控政策发挥了一定的作用。

分城乡来看,城镇地区预期有购房需求的家庭占比逐年下降,从 2016 年的 14.6%下降至 2019 年的 6.71%。农村地区预期有购房需求的家庭占比则呈现先下降后上升的趋势,从 2016 年的 12%下降至 2018 年的 6.72%,但 2019 年这一比例有一个小幅上升,达到 7.39%。此外,值得注意的是,2019 年,农村地区预期有购房需求的家庭占比超过了城镇地区家庭。

分地区来看,西部地区预期有购房需求的家庭占比呈现下降趋势,中部地区总体则先下降,但 2019 年有一个小的回升;东部地区预期有购房需求的家庭占比波动相对较大。总体来看,无论是东部还是中部、西部地区,2016 年预期有购房需求的家庭占比均是最高的。

表 3-18 2015—2018 年未来一年家庭买卖房产计划的变化 (单位:%)

房产计划	全国	农村	城镇	东部	中部	西部
2015 年						
有,想买房	10.00	9.20	11.10	10.38	9.86	10.40
有,想卖房	1.50	0.90	2.30	1.25	2.64	1.51
有,想换房	3.10	2.80	3.50	1.98	4.20	4.76
无	85.30	87.10	83.00	86.39	83.30	83.33

房产计划	全国	农村	城镇	东部	中部	西部
2016 年						
有,想买房	6.60	6.08	6.99	6.35	5.96	8.09
有,想卖房	0.87	0.63	1.05	0.96	0.79	0.80
有,想换房	2.39	2.16	2.57	1.73	2.83	3.08
无	90.14	91.12	89.39	90.96	90.42	88.03
2017 年						
有,想买房	5.16	5.23	5.11	7.35	4.15	2.17
有,想卖房	1.10	0.69	1.39	1.87	0.54	0.34
有,想换房	2.08	1.49	2.52	3.19	0.94	1.54
无	91.66	92.59	90.98	87.58	94.37	95.96
2018 年						
有,想买房	5.39	6.00	4.97	7.15	5.94	0.93
有,想卖房	0.75	0.86	0.67	0.79	1.13	0.08
有,想换房	1.59	1.39	1.74	1.85	2.14	0.24
无	92.27	91.76	92.63	90.22	90.8	98.76

三、家庭特征与家庭房产买卖计划

表 3-19 列出了 2018 年不同户主特征家庭的购房计划。(1)随着户主年龄提高,计划买卖房产的比例总体呈下降趋势。其中,户主为 30 岁以下的家庭在未来一年单纯想买房的比例达到 9.15%,户主在 40—50 岁年龄段以及 50—60 岁年龄段的家庭单纯想买房的比例也较高,分别为 7.41% 和 6.28%。这部分家庭构成了市场的主要需求。户主为 40—50 岁的家庭除了有单纯购房计划以外,换房的改善性需求也较高,达到 2.56%。户主为 60 岁及以上的家庭计划买卖房产的比例最低,不足 2%。(2)户主为女性的家庭购房需求高于户主为男性的家庭。(3)户主受教育水平为高中的家庭购房需求最大,达到 9.56%,其次是户主为大学及

以上受教育水平的居民家庭,这一比例为 8.11%。(4)户主为雇主的家庭计划买卖房产的比例高于户主为雇员和自营劳动者的家庭,其中,户主为雇主的家庭单纯想买房的比例达到 9.98%,而具有改善性购房计划的比例也达到 2.67%。(5)户主在集体企业工作的家庭有买卖房产计划的占比最高,达到 13.74%,其中有买房或换房计划的比例达到 11.76%。此外,户主为个体户或在私营企业、国有企业工作的家庭具有买卖房产计划的比例也较高。(6)从户主的职业种类来看,户主为单位或部门负责人的家庭买卖房产的需求最高,具有买卖房产计划的该类家庭占比达到 15.64%,有买房计划的比例达到 13.93%。(7)随着家庭人均收入水平提高,家庭买卖房产的需求也越大,高收入家庭单纯想购房的比例达到 8.6%,改善性需求的比例为 2.8%。

表 3-19 2018 年不同特征的家庭买卖房产计划分布 （单位:%）

类别	有,想买房	有,想卖房	有,想换房	无
年　龄				
30 岁以下	9.14	1.12	1.72	88.02
30—40 岁	6.12	1.06	2.20	90.62
40—50 岁	7.41	1.09	2.56	88.94
50—60 岁	6.28	0.67	1.34	91.71
60 岁及以上	0.83	0.06	0.26	98.85
性　别				
女性	7.92	1.13	3.09	87.86
男性	5.18	0.72	1.47	92.63
受教育水平				
小学及以下	3.70	0.56	0.93	94.81
初中	5.88	0.82	1.91	91.39
高中/高职/中专	7.46	0.87	2.09	89.58

续表

类别	有,想买房	有,想卖房	有,想换房	无
大专	5.48	0.88	1.25	92.39
大学及以上	5.59	0.79	2.52	91.10
就业身份				
雇主	9.98	1.70	2.67	85.65
雇员	5.93	0.81	1.75	91.50
自营劳动者	5.97	0.84	1.81	91.38
其他	6.33	1.19	0.95	91.53
工作单位				
机关事业单位	6.01	0.61	1.73	91.65
国有企业	7.34	0.66	0.72	91.28
集体企业	7.31	2.08	4.46	86.15
外资企业	4.97	1.17	1.38	92.48
个体私营企业	7.21	1.06	2.30	89.43
土地承包者	2.56	0.06	0.26	97.12
其他	3.16	0.59	0.32	95.93
职业种类				
个体户主或私营业主	10.00	1.87	3.71	84.42
专业技术人员	9.00	1.00	2.03	87.97
单位或部门负责人	9.41	1.71	4.52	84.36
办事人员	7.69	1.20	2.46	88.65
技术工人	6.31	0.36	1.23	92.10
非技术工人或农民	2.86	0.24	0.33	96.57
其他	2.01	0.29	0.30	97.40
家庭人均收入				
低收入组	1.73	0.06	0.25	97.96
中等收入组	5.77	0.76	1.71	91.76
高收入组	8.60	1.41	2.80	87.19

第四章　金融资产

　　党的十五大报告中提出"把按劳分配和按生产要素分配结合起来,坚持效率优先、兼顾公平,有利于优化资源配置,促进社会发展"[1]。这将其他生产要素纳入了收入分配的范围,资本作为一项重要的生产要素,成为收入来源的一部分。金融资产作为居民家庭的资产,也必然会带来相关的金融资产收益。同时,从宏观分配格局来看,居民部门的收入分配主要由初次分配决定,再分配对初次分配的影响几乎可以忽略。在初次分配过程中,居民部门的来源主要是劳动者报酬和财产收入。就居民部门的收入结构来看,净财产收入占初次分配总额的比例偏低,1992—2018 年在 9% 以下,最高值仅为 8.79%,最低值达到 2.59%。2000 年之后,净财产收入占比则基本保持在 1999 年的水平上,2006 年出现了小幅的上升,但所占比例依然比较低。2018 年居民部门初次分配中净财产收入占比仅为 3.81%。鉴于此,本章对我国居民家庭的金融资产进行分析,从而为理解财产性收入提供丰富的相关信息。

---

　　① 《中国共产党第十五次全国代表大会文件汇编》,人民出版社 1997 年版,第 25 页。

第一节　金融资产的构成

随着改革开放的推进,居民家庭金融资产的来源也不断丰富,除了人民币资产以外,外币也成为一些家庭投资的方式。在调查中,金融资产包括人民币金融资产和外币金融资产两类。比较来看,人民币金融资产是我国居民的主要金融资产,外币资产非常低,甚至可以忽略不计。基于此,本部分主要对我国居民的人民币金融资产构成进行分析。首先对 2018 年的调查结果进行分析,其次对 2015—2018 年的相关数据进行比较分析。

一、2018 年居民家庭的资产结构

从人民币金融资产的构成来看,2018 年的调查数据显示,活期定期存款是最主要的人民币金融资产,此后是手存现金(见表 4-1)。全国、城镇和农村都是相同的趋势。除了活期定期存款和手存现金之外,以储蓄型保险、借出款和其他金融资产形式存在的资产也比较高。就全国平均而言,储蓄型保险、借出款、其他金融资产的人均水平为 713 元、1127 元和 1068 元。这与我国宏观分配格局中居民财产收入来源的途径是一致的。关于宏观分配格局的分析显示,利息收入是我国居民财产收入的主要来源。同时,近几年居民财产收入中其他财产收入占比快速上升,这与调查中其他金融资产水平比较高的结果相一致。人民币金融资产的结构分布反映出,伴随着资本市场的发展,城乡居民的投资渠道得到了丰富,但是从实际的投资份额来看,我国居民金融资产的结构依然单

一,农村居民尤为如此。在金融投资低风险低收益的规律下,城乡居民的金融资产难以获得较高收益。如果利率低于通货膨胀的水平,城乡居民的金融资产甚至难以实现保值增值。这与我国宏观分配格局中财产性收入占比非常低的情形相一致。其他金融资产占比较高也从侧面反映出资本市场有待进一步完善,仍需推动城乡居民金融资产的多样性,进而提高城乡居民的财产性收入。随着金融资产类型的增加,对于金融资产的监管要求也应更加全面细致。

表4-1 2018年全国各项人均金融资产的分布 （单位:元）

金融资产类别	均值
手存现金	2862
活期定期存款总额	26991
储蓄型保险	713
国债	192
股票	418
基金	311
期货	17
借出款(不包括经营债款)	1127
其他金融资产	1068

从国际比较来看,我国居民以活期定期存款和手存现金方式持有的金融资产远高于 OECD 国家的水平。从已有的 2017 年OECD 统计数据来看[1],我国居民金融资产中活期定期存款和手存现金所占的比例是最高的。根据调查数据可知,我国居民金融资产中活期定期存款和手存现金所占的比例达到了 88.59%,接近九

---

① OECD 统计了 OECD 国家居民家庭的财产分布,包括存款和手存现金、非股票证券、股权和其他股权、基金、家庭人寿保险和养老基金。本轮财富调查中并未涉及养老基金,因此,剔除了 OECD 国家中的养老基金。

成。根据图 4-1 显示,OECD 统计的数据中,存款和手存现金所占比重最高的国家为土耳其,占比达到了 75.91%,仍远低于我国的水平。在可以获得数据的 35 个国家中,仅有 8 个国家的存款和手存现金所占家庭金融资产的比例超过了 50%,只有希腊、斯洛伐克和土耳其的该比重超过了 60%。在社会福利和社会保障覆盖范围比较广的北欧国家中,瑞典、丹麦、芬兰和挪威的存款和手存现金所占家庭金融资产的比重分别为 19.34%、19.95%、31.14% 和 38.75%,均处于比较低的水平。金砖国家中巴西和南非的该指标为 24.48% 和 28.72%,也属于比较低的水平。欧洲国家中该比例在 45%—50% 的国家是德国、葡萄牙、卢森堡、瑞士,澳大利亚的该比例为 49.66%。美国居民家庭中存款和手存现金占家庭金融资产的比重仅为 16.92%。

（单位：%）

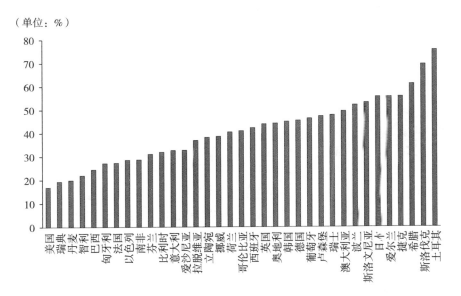

图 4-1 2017 年各国活期定期存款和手存现金占金融资产的比重

资料来源:据 OECD 数据整理,其中巴西、哥伦比亚的数据分别是 2015 年、2016 年的。https://data.oecd.org/hha/household-financial-assets.htm。

就东亚地区的日本和韩国来看,2017年日本、韩国的存款和手存现金占家庭金融资产的比重分别是55.87%、45.18%。日本的这一比重与爱尔兰、捷克相当,韩国的这一比重则与奥地利、德国相当,与北欧国家相比依然比较高,在OECD国家中属于中等偏上的水平。从日本和韩国可获得的各年数据来看,自1995年以来,日本居民家庭的存款和手存现金所占的比例保持在50%—60%,处于比较高的水平。韩国在2010—2017年居民家庭的存款和手存现金所占的比例维持在45%左右(见图4-2)。

（单位：%）

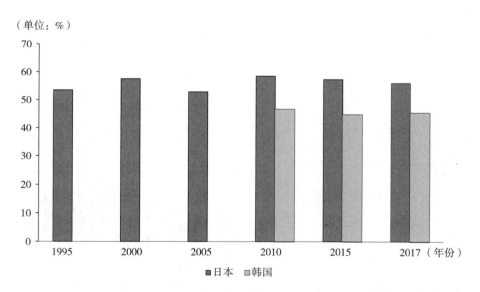

图4-2　1995—2017年日本和韩国存款和手存现金占金融资产的比重

资料来源:据OECD数据整理,见https://data.oecd.org/hha/household-financial-assets.htm。

二、居民家庭资产结构变化

表4-2显示了我国居民2015—2018年各类金融资产的分布情况。总体来看,2015—2018年,活期存款和定期存款是我国居

民最为主要的持有金融资产的方式,此后是手存现金。从手存现金的在 2015—2018 年的变化趋势来看,2017 年、2018 年手存现金的额度在逐渐下降。这一趋势与我国电子支付的快速发展具有一定联系。随着电子支付在全国范围内开展,无论是网上商城还是线下消费,无论是高端商场还是菜市场,都可以看到电子支付的身影,居民家庭对手存现金的持有量逐渐下降。

表 4-2 2015—2018 年全国各项人均金融资产的分布 (单位:元)

金融资产类别	2015 年	2016 年	2017 年	2018 年
手存现金	3569	3607	2951	2862
活期定期存款总额	15885	24973	28047	26991
储蓄型保险	563	443	637	713
国债	284	356	255	192
股票	1109	907	786	418
基金	375	485	289	311
期货	—	35	9	17
借出款(不包括经营债款)	977	810	1131	1127
其他金融资产	673	573	347	1068

就各分项的金融资产规模来看,排在活期定期存款、手存现金之后处于第二梯队的金融资产包括:储蓄型保险、股票、借出款和其他金融资产。在第二梯队内,储蓄型保险基本处于上升的趋势;与此截然相反的是股票持有量持续下降,从 2015 年的 1109 元降至 2018 年的 418 元。股票持有量的变化与我国股票市场的走势基本一致,2015 年上半年股票市场处于牛市,上证指数大幅上涨,拉动了居民家庭对股票的投资。2015 年下半年股票市场出现下滑,居民在股票上的持有额也出现了下降,此后两年,股票市场一直处于相对低迷的状态,居民家

庭的股票持有量同样逐步下降。另外两项相对比较高的金融资产是借出款和其他金融资产。如前所述,其他金融资产是值得关注的金融资产,从2015—2018年的变化趋势来看,其他金融资产的波动较大,2018年相对于其他年份有了大幅提高,是2015年的1.6倍。无论是从其他金融资产在家庭金融资产分布中的规模,还是从其他金融资产上升的速度来看,都需要加强对其他金融资产的监管,并细化其在统计上的分类,从而更加全面地显示居民家庭的投资渠道,以及可能面临的投资风险。

第二节　金融资产的城乡差异与地区差异

金融资产与居民的收入密切相关,金融资产的结构也将会与收入相关联。我国城乡之间、各地区之间经济发展水平具有较大差异,居民收入在城乡之间、地区之间也同样存在巨大差距。城乡居民收入一直是我国居民收入差距来源的主要部分。金融资产作为收入的积累,也能够体现出城乡、地区之间的差距。金融资产的构成是居民投资的选择,因此城乡居民在金融资产上存在的差异,也在一定程度上体现了居民的投资差异。按城乡和东中西部分析居民金融资产的构成,有助于理解金融资产与收入之间的关系,以及中国城乡和地区之间的不平衡。

一、2018年金融资产的城乡地区差异

从城乡比较来看,城镇居民的活期定期存款要高于全国平均

水平,达到 34118 元,是全国平均水平的 1.26 倍,手存现金是全国
的 1.32 倍(见表 4-3)。相比而言,农村居民的人民币金融资产最
低,其最高的家庭人均活期定期存款为 16716 元,仅是城镇的
49%,手存现金是城镇的 42%。就处于第二梯队的储蓄型保险、借
出款和其他金融资产而言,城镇的人均水平比较高,分别达到了
1135 元、1578 元和 1591 元。农村居民在储蓄型保险、借出款和
其他金融资产的水平远低于城镇居民,分别为城镇的 9%、30%
和 20%。

表 4-3　2018 年按城乡分人均金融资产的分布情况　　(单位:元)

金融资产类别	全国	城镇	农村
手存现金	2862	3769	1556
活期定期存款总额	26991	34118	16716
储蓄型保险	713	1135	105
国债	192	317	12
股票	418	685	33
基金	311	512	22
期货	17	28	1
借出款(不包括经营债款)	1127	1578	476
其他金融资产	1068	1591	314
外币金融资产余额	9	13	2

　　尽管城镇居民和农村居民的金融资产中,手存现金、活期定期
存款之和占全部金融的比重都是最高的,超过了八成,但是农村居
民中这三项存款之和的比重依然高于城镇居民。这说明,农村居
民的金融资产更加集中,主要在风险低、收益低的存款。收入相对
较低的农村居民的资产是有限的,农村居民则更少进行存款之外
的投资。然而,农村居民和城镇居民这种在投资行为、资产分配上
的差异,将会进一步加大两者在财产收入上的差距。

　　与全国的总体情况相似,在东部、中部、西部各地区内,活期定期存款和手存现金也同样是居民持有人民币金融资产的主要形式(见表4-4)。然而,在不同地区之间人均金融资产也存在较大差异。总体来看,东部地区的人均金融资产要高于中部和西部的。就主要的活期定期存款和手存现金来看,东部分别是中部地区的1.51倍和1.49倍,分别是西部地区的2.27倍和3.83倍。排在第二梯队的储蓄型保险、借出款和其他金融资产在东部、中部、西部之间略有不同的趋势。东部地区家庭人均借出款的额度与储蓄型保险基本相当,略高于其他金融资产。中部地区家庭人均其他金融资产的额度最高,此后是借出款、储蓄型保险。西部地区人均家庭的各类金融资产普遍大幅低于东部地区,处于第二梯队的是借出款、其他金融资产、基金,储蓄型保险的金额很低。就人均储蓄型保险、借出款和其他金融资产的地区差异来看,东部地区的储蓄型保险远高于中部、西部地区,分别是中部地区的2.12倍、西部地区的8.03倍;东部地区的人均借出款略低于中部地区,是中部地区的0.81%倍,大幅高于西部地区,是西部地区的2.70倍。就其他金融资产而言,中部地区的最高,分别是东部地区、西部地区的1.75倍、4.08倍。尽管基金是西部地区居民持有较多的一种金融资产,但是其额度与东部、中部地区居民持有的额度基本相当。

表4-4　2018年按地区分人均金融资产的分布情况　　　(单位:元)

金融资产类别	东部	中部	西部
手存现金	3923	2630	1023
活期定期存款总额	35222	23325	15531
储蓄型保险	1124	530	140
国债	348	97	13
股票	558	297	311

续表

金融资产类别	东部	中部	西部
基金	333	237	379
期货	33	4	3
借出款(不包括经营债款)	1196	1482	443
其他金融资产	952	1662	407
外币金融资产余额	19	0	0

　　根据城乡和地区之间不同金融资产的分布结构来看，储蓄型保险成为一项值得注意的金融资产。相对于保险业而言，国债、股票、基金市场在我国的起步比较早，成熟度也相对较高。然而，从已有的调查数据来看，储蓄型保险更加受到居民家庭的青睐。特别是按地区分的东部地区、中部地区和按城乡分的城镇地区的居民，其在储蓄型保险上的投资水平大幅高于其在国债、股票和基金上的投资。这在一定程度上反映出，虽然我国保险业起步相对较晚，但是其对居民的吸引力却较强。当居民收入水平提高时，更倾向于以储蓄型保险的方式来进行投资，而不是投向国债、股票和基金市场。这一局面可能由于两个方面原因：一是我国股票市场、基金市场发育依然有待完善，经历过几次较大波动之后，居民家庭对于投资股票和基金缺少相对的信心。二是储蓄型保险兼具了储蓄和保险两方面的功能，既能满足居民家庭在持有资产方面的需求，又能满足居民家庭对于抵抗风险的需求。

　　除了储蓄型保险之外，另一项金融资产也格外值得注意，即其他金融资产。全国平均、城镇地区和农村地区的其他金融资产不仅高于国债、股票和基金的水平，甚至高于储蓄型保险的水平。东部地区居民家庭在其他金融资产上的投资水平虽然低于其在储蓄型保险上的投资水平，但是依然高于其在国债、股票和基金上的投资。中部地区和西部地区居民家庭在其他金融资产上的投资大幅高于其在储蓄型保险上的投资,其在其他金融资产的投资额相当于储蓄型保险的 3 倍。

鉴于我国居民家庭对于储蓄型保险的青睐,关于保险业的监管也需要进一步完善,从而在监管层面给予居民家庭更完善的保障。相对于储蓄型保险而言,其他金融资产的范围则更加广泛,监管难度也更大。鉴于此,我国资本市场的监管有待进一步加强,特别是对于其他金融资产的监管。如果对其他金融资产市场的监管缺失或者不够完善,更可能使居民家庭陷入资产损失当中。尤其是对于农村地区、中部、西部地区收入较低的家庭而言,其面临的资产风险也较高,且承受资产损失的能力较低。

二、金融资产城乡地区差异的变动趋势

表 4-5 显示了 2015—2018 年城镇居民和农村居民对各项金融资产投资的分布。2015—2018 年,活期定期存款一直都是城乡居民家庭最主要的金融资产持有形式。这期间,活期定期存款的总量持续增加,城乡居民以活期定期持有的金融资产占比也持续增加(2018 年有小幅下降)。相比较而言,农村居民持有活期定期存款的比例一直高于城镇居民。这说明相对于城镇居民而言,农村居民的投资渠道更加有限。排在城乡居民金融资产中第二位的是手存现金,尽管在 2016—2018 年城乡居民手存现金的绝对值和占比都出现了较大幅度的下降。同时,手存现金的规模和占比持续下降,这一现象不仅发生在城镇,农村居民家庭的手存现金同样持续下降。这在一定程度上反映了我国电子支付并非仅在城镇流行,而是广泛地深入农村之中。这有助于我国农村居民家庭开展

现代化营销,提高农村居民农产品收益。

表 4-5　2015—2018 年按城乡分人均金融资产的分布　　（单位:元）

金融资产类别	2015 年		2016 年		2017 年		2018 年	
	城镇	农村	城镇	农村	城镇	农村	城镇	农村
手存现金	4888	1931	4828	2018	3776	1821	3759	1556
活期定期存款总额	21640	8825	33166	14311	36085	17024	34118	16716
储蓄型保险	886	165	685	128	910	263	1135	105
国债	454	73	478	197	384	78	517	12
股票	1850	191	1445	207	1304	76	685	33
基金	629	61	787	91	462	51	512	22
期货			61	1	9	8	28	1
借出款（不包括经营债款）	1188	715	1069	473	1724	318	1578	476
其他金融资产	1086	160	985	36	531	95	1591	314

城乡居民在股票上的投资规模在 2015—2018 年持续下降。虽然城镇居民在股票上的投资金额远高于农村居民的水平,但是这期间两者的下降趋势一致,城乡居民的股票投资行为与股票市场的波动具有较为密切的联系。从各项金融资产的占比来看,城乡居民在手存现金和股票投资上的下降,与活期定期存款规模的上升相对应。城乡居民在金融资产上分布的变化特征,表明虽然城乡居民持有的金融资产规模不同,但是他们的投资方向却相对一致,当股票市场出现下滑时,城乡居民更可能会把股票资产转向活期定期存款。

表 4-6 显示了 2015—2018 年按地区分金融资产分布的差异变化。2015—2018 年,东部、中部、西部的居民家庭户活期定期存款都是规模最大的金融资产。相比于 2015 年,2018 年东部地区与中部地区在手存现金、活期定期存款、储蓄型保险、国债和其他金融资产上的差距都有所扩大;东部地区与西部地区在手存现金、

储蓄型保险、国债、借出款和其他金融资产上的差距拉大了,在活期定期存款上的差距有所缩小。在股票投资上,相比于 2015 年,东部地区和中部地区之间的差距、东部地区和西部地区之间的差距在 2018 年均出现大幅下降。各地区之间股票持有量较大幅度的下降主要由于东部地区居民家庭持有股票规模的下降。这在一定程度上说明,东部地区居民家庭对股票市场的波动相对比较敏感。另一个值得注意的是,储蓄型保险在东部、中部之间和东部、西部之间扩大的幅度比较大。这在一定程度上反映出,收入较高的居民除了以存款的方式持有金融资产之外,储蓄型保险也成为其一项比较重要的金融资产,且增长速度比较快。

表 4-6 2015—2018 年按地区分人均金融资产的分布

金融资产类别	2015 年		2016 年		2017 年		2018 年	
	东/中	东/西	东/中	东/西	东/中	东/西	东/中	东/西
手存现金	0.76	1.97	2.14	3.40	1.79	4.46	1.49	3.83
活期定期存款总额	0.98	3.57	2.10	4.27	1.40	3.01	1.51	2.27
储蓄型保险	0.69	4.01	1.75	6.65	0.88	1.70	2.12	8.03
国债	1.06	5.68	7.92	17.63	9.90	21.46	3.59	26.77
股票	3.52	14.40	6.68	6.63	1.17	4.04	1.88	1.79
基金	3.55	17.78	10.52	15.52	6.51	6.43	1.41	0.88
期货	—	—	6.60	9.43	4.25	17.00	8.25	11.00
借出款(不包括经营债款)	1.00	0.97	3.86	10.70	1.51	11.08	0.81	2.70
其他金融资产	0.10	0.28	2.97	15.08	9.03	6.82	0.57	2.34

第三节　不同人群组在金融资产上的差异

收入与资产具有密切的联系,不同收入群体的资产具有较大差距,而且金融资产的构成可能也会存在不同。资产具有保值增值的作用,同时可能具有"马太效应",不同收入群体的金融资产结构不同,从而对资产收入产生影响,进而可能拉大财富收入的差距。

一、不同收入等分组的金融资产差异

首先,对不同收入等分组的金融资产构成进行分析,从而获得金融资产与收入水平之间的相关信息,有助于理解不同群体的财产收入差距的来源。按家庭人均可支配收入,从低到高将被调查家庭分为最低三等分组、中间三等分组和最高三等分组。总体来看,在各收入组中,活期定期存款和手存现金仍然是各收入组中最主要的金融资产持有方式。以收入分组对人均金融资产进行分析可以发现:随着收入水平的提高,家庭人均的手存现金、活期定期存款都呈逐渐提高的趋势,而且提高的幅度越来越大(见表4-7)。最高收入组家庭的人均手存现金、活期定期存款分别是最低收入组家庭的4.65倍、3.86倍。

表4-7　2018年人均收入与金融资产分布　　　（单位:元）

金融资产类别	最低三等分	中间三等分	最高三等分
手存现金	1169	1908	5433
活期定期存款总额	11706	23627	45172
储蓄型保险	112	471	1533
国债	17	143	409
股票	97	344	803
基金	59	317	552
期货	4	5	41
借出款(不包括经营债款)	89	515	2726
其他金融资产	122	1301	1772
外币金融资产余额	0	0	25

二、户主特征与金融资产分布

居民的资产与收入具有密切的关系,劳动者刚进入劳动力市场时,收入比较低,随着工作经验的增加,收入水平也逐渐提高。然而,达到一定年龄之后,劳动者的收入将逐渐下降。退出劳动力市场之后,则主要依靠之前的积累生活。根据表4-8可知,人民币资产的核心资产中,活期定期存款和手存现金都随着户主年龄的提高而逐渐下降。其他类型金融资产对于不同的年龄群体来说,具有不同的特征。30岁以下群体主要是以储蓄型保险、股票、基金来持有金融资产,进行分散投资。30—50岁群体则主要以其他金融资产的方式持有金融资产;除了其他金融资产之外,储蓄型保险和股票成为30—40岁群体比较青睐的方式,借出款和储蓄型保险成为40—50岁比较青睐的方式。50岁以上群体更倾向于选择借出款、储蓄型保险、股票来进行投资。

表4-8 2018年户主年龄与人均金融资产　　　　(单位:元)

金融资产类别	30岁以下	30—40岁以下	40—50岁以下	50—60岁以下	60岁及以上
手存现金	5833	3936	3036	2291	1397
活期定期存款总额	36044	30516	29029	26340	19512
储蓄型保险	996	1002	609	799	421
国债	245	182	206	266	98
股票	814	617	344	444	193
基金	552	554	289	212	149
期货	72	6	15	27	3
借出款(不包括经营债款)	353	354	853	1963	1561
其他金融资产	375	2269	1697	316	180
外币金融资产余额	33	10	11	6	1

　　总体来看,家庭人均金融资产随着户主年龄的提高,而不断下降;在 30—60 岁,人均资产基本保持一致,变化幅度较小。这与收入随年龄呈现倒"U"形的变动趋势并不一致。这其中的一个主要原因可能是,户主自己购买住房以及为子女购买住房占用了大量的收入所得,从而使金融资产的规模相对平滑。

　　户主的受教育水平在一定程度上能够反映家庭获得收入和资产的能力。因此,本部分按户主的受教育水平对人民币金融资产的均值进行描述。根据表 4-9 可知,随着户主受教育水平的提高,家庭人均的活期定期存款和手存现金都不断地提高。当户主的受教育水平是大学及以上时,其家庭人均的活期定期存款分别是户主是小学、初中、高中/高职/中专、大专的 2.79 倍、1.78 倍、1.42 倍和 1.25 倍。不同学历户主所在家庭人均手存现金之间的差别普遍大于在活期定期存款上的差别。对于其他类的金融资产而言,大学及以上更倾向于储蓄型保险和股票;大专和高中/高职/中专群体更倾向于其他金融资产和储蓄型保险;初中和小学及以下更倾向于借出款和其他金融资产。

表 4-9　2018 年户主学历与金融资产分布　　　　　（单位:元）

金融资产类别	小学及以下	初中	高中/高职/中专	大专	大学及以上
手存现金	1326	2336	2935	7366	8903
活期定期存款总额	17201	27014	33724	38496	47993
储蓄型保险	142	557	1409	785	2721
国债	7	194	348	290	660
股票	88	312	844	708	1208
基金	68	242	543	650	951
期货	3	9	31	20	99

续表

金融资产类别	小学及以下	初中	高中/高职/中专	大专	大学及以上
借出款(不包括经营债款)	999	1454	1133	567	773
其他金融资产	164	1071	2318	1901	1053
外币金融资产余额	0	4	7	10	97

　　从户主的就业身份来看,不同就业身份之间家庭人民币金融资产也存在差异(见表4-10)。户主是雇主或者是雇员时的家庭人均活期定期存款和手存现金高于户主是自营劳动者时的家庭人均活期定期存款和手存现金。在手存现金方面,当户主是雇主时,其家庭人均的手存现金额度最高,自营劳动者家庭的人均手存现金最低,与雇主或雇员家庭有较大差距。在活期定期存款方面,户主是雇主时,其家庭人均的活期定期存款最高,其次是户主是雇员、自营劳动者。总体来看,当户主身份是雇主时,其家庭的人均金融资产最高;当户主身份是其他时,其家庭人均资产为最低;当户主是自营劳动者时,其家庭人均资产排在倒数第二位。自营劳动者的家庭人均资产可以在一定程度上反映出,自营劳动者的经营规模相对比较小。

表4-10　2018年户主就业身份与金融资产　　　　(单位:元)

金融资产类别	雇主	雇员	自营劳动者	其他
手存现金	6581	3810	1520	4130
活期定期存款总额	34356	30755	21489	16510
储蓄型保险	1608	830	366	215
国债	419	281	55	45
股票	1556	528	179	136
基金	968	376	170	159
期货	80	14	15	6

续表

金融资产类别	雇主	雇员	自营劳动者	其他
借出款（不包括经营债款）	595	1033	787	222
其他金融资产	279	1014	1637	45
外币金融资产余额	17	14	4	5

从金融资产的多样性来看,当户主身份是雇主时,其家庭人均金融资产的分布具有比较强的多样性。尽管户主是雇主和户主是雇员的家庭在手存现金、活期存款和定期存款方面的差异不是很大,但是这两类家庭在股票、基金和期货之间都具有较大的差异。同时,雇主家庭在借出款和其他金融资产上的投资远低于雇员家庭。

随着国有企业改革的推进,我国企业的体制改革不断进行着,市场化水平不断提高。同时,伴随着国有企业改革,劳动力市场也不断推进改革,劳动力市场上的工资逐渐转向市场决定,劳动力的个体特征成为决定工资的主要因素。然而,我国劳动力市场中依然存在着分割,所有制分割是我国劳动力市场中的一个重要特征。鉴于此,我们以户主所在工作单位的所有制性质作为分类基础,描述单位所有制性质与金融资产之间的关系。

当按户主所在工作单位的所有制性质进行分类时,可以发现:户主工作单位是外资企业时,其家庭人均的手存现金与活期定期存款之和最高,其次是机关事业单位、国有企业、个体私营企业、集体企业(见表4-11)。从手存现金来看,户主工作单位是外资企业时,其家庭的人均手存现金额最高,其次是机关事业单位、国有企业、个体私营企业、集体企业。从活期定期存款来看,户主工作单位是外资企业时,其家庭人均的活期定期存款最高,其次是国有企业、机关事业单位、个体私营企业、集体企业。当户主是土地承包者时,其家庭人均的各项金融资产均最低。户主在外资企业就业时,其手存现金、活期定期存款分别是土地承包者的6.69倍、3.86倍。

表4-11　2018年单位所有制与金融资产　　（单位:元）

金融资产类别	机关事业单位	国有企业	集体企业	外资企业	个体私营企业	土地承包者
手存现金	7046	5290	2401	8040	2707	1202
活期定期存款总额	39801	40710	28490	42349	29336	10969
储蓄型保险	1490	1756	531	1888	634	51
国债	370	744	322	1126	151	10
股票	719	1291	337	1358	399	25
基金	597	766	302	1097	305	18
期货	11	3	42	170	16	0
借出款(不包括经营债款)	2020	2032	816	641	976	90
其他金融资产	3013	946	273	477	1503	133
外币金融资产余额	21	24	9	149	4	2

从户主从事的职业种类来看,不同的家庭其人均金融资产也存在较大差异(见表4-12)。就户主不同的职业类型来看,当户主是单位或部门负责人时,其家庭人均的金融资产都比较高,此后是专业技术人员、个体户主或私营业主、办事人员和技术工人。当户主是非技术工人或农民时,其家庭人均金融资产则处于最低的水平,且与其他职业种类的家庭人均资产具有较大差距。就手存现金来看,当户主是单位或部门负责人时,其家庭人均的手存现金最高,此后依次是当户主是专业技术人员、办事人员、技术工人、个体户主或私营业主。就活期定期存款来看,当户主的职业种类是单位或部门负责人时,其家庭人均的活期定期存款最高,此后依次是

当户主是专业技术人员、个体户主或私营业主、办事人员和技术工人。从金融资产集中于手存现金和活期定期存款的程度来看,非技术工人或农民排在第一位,其家庭手存现金和活期定期存款之和占家庭金融资产的比例达到了94%,此后是单位或部门负责人、办事人员、技术工人、个体户主或私营业主、专业技术人员。

表 4-12　2018 年户主职业种类与金融资产　　　　（单位:元）

金融资产类别	个体户主或私营业主	专业技术人员	单位或部门负责人	办事人员	技术工人	非技术工人或农民
手存现金	2684	6265	6379	3882	3395	1490
活期定期存款总额	34099	34175	52008	32732	30835	14957
储蓄型保险	780	4484	1386	824	392	196
国债	148	326	519	228	441	80
股票	516	901	1239	454	465	161
基金	431	517	930	369	356	104
期货	34	117	35	15	9	1
借出款(不包括经营债款)	1529	278	1251	1079	1815	230
其他金融资产	3029	530	607	1403	1446	280
外币金融资产余额	6	26	75	8	13	0

三、不同人群组金融资产差异的变化趋势

第一,对不同收入水平家庭的金融资产差异进行分析(见表 4-13)。将居民家庭按家庭人均可支配收入分为三组,表 4-13 中列出了 2015—2018 年最高三等分组和最低三等分组之间的差异。根据表 4-13 中的统计结果可以发现,最高三等分组和最低三等分组在手存现金上的差距略有缩小,两者之间的差距从 2015 年的 6.00 倍缩小至 2018 年的 4.65 倍。同样,最高三等分组和最低三等分组在活期定期存款上的差异有较大幅度的缩小,从 2015 年的

9.27 倍缩小至 2018 年 3.86 倍。最低三等分组在活期定期存款上的增长幅度比较大,从而缩小了两者之间的差距。

表 4-13 2015—2018 年最高与最低三等分组的金融资产差异

金融资产类别	2015 年	2016 年	2017 年	2018 年
手存现金	6.00	5.31	6.14	4.65
活期定期存款总额	9.27	6.64	5.50	3.86
储蓄型保险	11.59	5.15	8.40	13.69
国债	14.29	6.21	9.30	24.06
股票	8.76	9.91	39.02	8.28
基金	8.50	14.91	38.50	9.36
期货	—	25.75	5.33	10.25
借出款(不包括经营债款)	2.72	2.76	19.56	30.63
其他金融资产	6.73	4.35	10.24	14.52

值得注意的是,借出款和其他金融资产在最高三等分组和最低三等分组之间的差距持续扩大,且幅度较大。与前文关于 2018 年截面数据的分析结果相结合可以发现,其他金融资产不仅在规模上比较大,而且增长速度比较快。因此,需要对其他金融资产的分类统计以及相关监管工作给予更多的重视。居民家庭在储蓄型保险、国债、股票和基金上的差异具有较大的波动,并不具有明显的规律性。

第二,分析各年不同年龄组在金融资产上差异的变动(见表 4-14)。总体来看,居民家庭最主要的金融资产活期定期存款总额和手存现金,随着年龄的增长而不断下降。这个趋势在 2016—2018 年保持稳定。这反映出 60 岁以上老年人口的家庭金融资产相对较低,更可能是在消耗年轻时的储蓄。同时,这也反映出老年人口的消费水平受到了其消费能力的限制,提高老年人的消费水平以扩大内需在一定程度上受到了老年人所持有的金融资产的限制。2016—2018 年,手存现金的规模在大多数年龄段(40—50 岁除外)呈现了先下降再上升的趋势。这期间,户主年龄在 30 岁以下的家庭在活期定期存款总和上呈现出一定幅度的增加;30—40 岁的家庭在活期定期存款总和上体现为先下降后上升;40 岁以上的家庭在活期定期存款总和上表现为先上升后下降。相比而言,60 岁以上老年人口活期定期存款的增长幅度较小。

表 4-14　2016—2018 年各年龄组的金融资产差异　　（单位:元）

金融资产类别	30 岁以下	30—40 岁以下	40—50 岁以下	50—60 岁以下	60 岁及以上
2016 年					
手存现金	6557	5127	3430	2604	2180
活期定期存款总额	32870	30760	25129	22739	18248
储蓄型保险	888	613	402	372	220
国债	309	379	376	485	191
股票	713	906	1163	1154	355
基金	748	515	465	657	187
期货	23	54	33	58	0
借出款	987	757	890	722	753
其他金融资产	1242	535	723	432	241
2017 年					
手存现金	5149	3530	3820	2187	1298
活期定期存款总额	35061	29108	30742	29352	19914
储蓄型保险	774	768	709	691	336
国债	368	247	191	268	301
股票	896	847	610	1076	669
基金	385	354	241	308	256
期货	13	18	12	2	2
借出款	774	518	1113	1609	1303
其他金融资产	952	643	293	193	139

续表

金融资产类别	30 岁以下	30—40 岁以下	40—50 岁以下	50—60 岁以下	60 岁及以上
2018 年					
手存现金	5833	3936	3036	2291	1397
活期定期存款总额	36044	30516	29029	26340	19512
储蓄型保险	996	1002	609	799	421
国债	245	182	206	266	98
股票	814	617	344	444	193
基金	552	554	289	212	149
期货	72	6	15	27	3
借出款(不包括经营债款)	353	354	853	1963	1561
其他金融资产	375	2269	1697	316	180

第三,分析当户主受教育水平不同时,家庭各项金融资产的差异变动(见表4-15)。随着户主受教育水平的提高,居民家庭中人均手存现金和活期定期存款总额也不断提高。2016—2018 年,大专和小学及以下之间、大学及以上和小学及以下之间在手存现金方面的差距有所扩大;初中和小学及以下、高中和小学及以下之间在手存现金方面的差距基本保持不变。活期定期存款总额与手存现金的变动趋势存在一定的不同。2016—2018 年,大专和小学及以下之间、大学及以上和小学及以下之间在活期定期存款总额的差距出现了缩小。高中和小学及以下之间在活期定期存款总额上的差距也有所缩小,但是变化不大。然而,初中和小学及以下在活期定期存款总额上的差距却有所扩大。总体来看,在高中、大专和大学及以上与小学及以下群体之间在活期定期存款总额上的差距有所缩小的情况下,初中和小学及以下群体之间在活期定期存款总额上的差距略有扩大,这说明初中群体的活期定期存款总额相

对而言上涨幅度较大。相比于 2016 年,2018 年大学及以上和小学及以下之间在储蓄型保险上的差距大幅扩大,在股票和其他金融资产上的差距却大幅缩小。根据前文关于 2018 年储蓄型保险、股票、其他金融资产的分析可知,储蓄型保险和其他金融资产规模较大,股票的规模较小。这说明,随着股票市场的波动,大学及以上学历群体撤回了其在股票市场上的投资,同时也反映出大学及以上群体是股票市场投资的主要群体。

表 4-15　2016—2018 年不同学历群体的金融资产差异

金融资产类别	初中/小学及以下	高中(高职、中专)/小学及以下	大专/小学及以下	大学及以上/小学及以下
2016 年				
手存现金	1.62	2.16	3.03	3.55
活期定期存款总额	1.20	2.08	2.67	3.49
储蓄型保险	2.24	3.25	5.77	6.19
国债	3.12	6.99	6.40	11.10
股票	6.09	12.16	21.90	20.36
基金	4.74	11.20	19.41	30.30
期货	26.00	37.00	157.00	84.00
借出款	1.10	1.69	1.00	1.01
其他金融资产	12.68	20.32	56.77	73.26
2017 年				
手存现金	1.57	2.46	3.77	5.48
活期定期存款总额	1.36	1.93	2.18	3.42
储蓄型保险	1.95	3.44	3.73	6.16
国债	0.90	1.55	2.18	5.32
股票	1.21	2.78	4.16	7.50
基金	1.33	2.75	3.64	10.88
期货	2.50	5.50	7.50	29.00
借出款	0.95	1.37	0.90	1.87
其他金融资产	3.63	11.90	23.45	55.18

金融资产类别	初中/ 小学及以下	高中(高职、中专)/ 小学及以下	大专/ 小学及以下	大学及以上/ 小学及以下
	2018 年			
手存现金	1.76	2.21	5.56	6.71
活期定期存款总额	1.57	1.96	2.24	2.79
储蓄型保险	3.92	9.92	5.53	19.16
国债	27.71	49.71	41.43	94.29
股票	3.55	9.59	8.05	13.73
基金	3.56	7.99	9.56	13.99
期货	3.00	10.33	6.67	33.00
借出款	1.46	1.13	0.57	0.77
其他金融资产	6.53	14.13	11.59	6.42

第四,户主就业身份不同与金融资产差异的变化(见表4-16)。2016—2018 年,雇主与自营劳动者、雇员与自营劳动者在手存现金上的差异都出现了扩大趋势。这在一定程度上与近年来电子支付的广泛开展具有联系。相比电子支付之前,自营劳动者所需要的手存现金将会大幅下降。雇主虽然也是经营主体,但是相对于自营劳动者而言,其家庭生活与经营生产之间的界限更加清晰,而且经营过程中的资金往来更可能依赖于银行系统。从而,近年来兴起的手机电子支付对雇主手存现金的影响相对于自营劳动者而言,则比较小。2016—2018 年,雇主与自营劳动者、雇员与自营劳动者在活期定期存款总额上的差异呈现出缩小的趋势,这与手存现金的变化趋势相反。活期定期存款是我国居民家庭持有量最高的金融资产,雇主与自营劳动者、雇员与自营劳动者之间的活期定期存款总额差距缩小,在一定程度上反映出,因就业身份带来的金融资产差异有所缩小。

表 4-16 2016—2018 年户主就业身份与金融资产差异

金融资产类别	2016 年		2017 年		2018 年	
	雇主/自营劳动者	雇员/自营劳动者	雇主/自营劳动者	雇员/自营劳动者	雇主/自营劳动者	雇员/自营劳动者
手存现金	3.03	2.25	3.12	2.10	4.33	2.51
活期定期存款总额	2.22	2.09	2.00	1.86	1.60	1.43
储蓄型保险	6.14	2.82	2.86	2.03	4.39	2.27
国债	7.06	2.94	15.84	6.72	7.62	5.11
股票	9.32	3.96	5.82	6.90	8.69	2.95
基金	4.43	2.52	8.79	4.48	5.69	2.21
期货	27.50	6.38	7.50	3.00	5.33	0.93
借出款	1.95	0.61	1.74	3.03	0.76	1.31
其他金融资产	4.67	1.12	9.31	6.86	0.17	0.62

第五,户主单位所有制不同时,家庭人均各项金融资产的差异变动(见表 4-17)。在此,本部分以户主是土地承包者的家庭人均金融资产作为参照组,从而显示当户主是其他所有制单位时,两者之间在金融资产上的差异。从手存现金来看,2016—2018 年,机关事业单位和土地承包者之间的差距有所扩大;但个体私营企业和土地承包者之间的差距呈现为缩小;国有企业、集体企业和外资企业与土地承包者之间在手存现金上的差距变化具有一定的波动。从活期定期存款总额来看,2016—2018 年,当户主单位为其他单位所有制时,其与土地承包者之间的差距都出现了缩小。

表 4-17 2016—2018 年户主单位所有制与金融资产差异

金融资产类别	机关事业单位/土地承包者	国有企业/土地承包者	集体企业/土地承包者	外资企业/土地承包者	个体私营企业/土地承包者
2016 年					
手存现金	4.70	4.66	3.47	7.61	3.63
活期定期存款总额	5.13	6.11	4.83	6.68	4.08

续表

金融资产类别	机关事业单位/土地承包者	国有企业/土地承包者	集体企业/土地承包者	外资企业/土地承包者	个体私营企业/土地承包者
储蓄型保险	20.02	12.89	10.38	25.38	7.05
国债	276.67	215.33	193.67	283.00	94.67
股票	34.72	33.53	9.00	43.30	11.14
基金	36.09	36.64	21.94	43.36	15.15
期货	86.00	136.00	14.00	232.00	42.00
借出款	5.20	1.70	5.41	1.50	5.79
其他金融资产	169.22	116.11	24.44	208.67	82.89
2017 年					
手存现金	5.92	3.78	4.97	6.31	3.29
活期定期存款总额	5.83	4.33	4.11	6.03	3.46
储蓄型保险	28.02	21.71	11.37	12.52	9.92
国债	37.73	30.93	18.53	37.00	10.87
股票	141.62	89.76	25.62	145.86	25.57
基金	96.50	116.50	54.50	120.17	39.50
期货	10.00	5.00	1.00	3.33	3.00
借出款	59.53	32.21	11.00	11.39	12.61
其他金融资产	66.76	43.29	32.35	50.82	14.41
2018 年					
手存现金	5.86	4.40	2.00	6.69	2.25
活期定期存款总额	3.63	3.71	2.60	3.86	2.67
储蓄型保险	29.22	34.43	10.41	37.02	12.43
国债	37.00	74.40	32.20	112.60	15.10
股票	28.76	51.64	13.48	54.32	15.96
基金	33.17	42.56	16.78	60.94	16.94
期货	11.00	3.00	42.00	170.00	16.00
借出款	22.44	22.58	9.07	7.12	10.84
其他金融资产	22.65	7.11	2.05	3.59	11.30

当户主的单位所有制性质为土地承包者时,将其视为农业户籍人口;当户主的单位所有制性质为非土地承包者时,将其视为非

农业户籍人口。尽管这样的分类略显粗糙,因为农业户籍人口也可能不是土地承包者,而是从事其他工作。另外,虽然其他几项金融资产中,户主是其他所有制单位的与土地承包者之间的差距也有扩大的情况,但是根据前文 2018 年的绝对值可知,活期定期存款是各类居民家庭最主要的金融资产,其他金融资产的规模相对较小,有一些甚至可以忽略不计。由此,2016—2018 年其他单位所有制户主家庭的人均活期定期存款与土地承包者之间的差距缩小,在一定程度上意味着,城乡收入差距有所缩小。

第六,户主职业种类不同时,家庭人均各项金融资产的差异变动(见表 4-18)。本部分以"非技术工人或农民"作为参照组,来分析其他职业种类与其之间的金融资产差异。就我国居民家庭最主要的金融资产活期定期存款总额来看,当户主为非技术工人或者农民时,其与其他职业种类户主家庭的人均活期定期存款总额之间的差距在 2016—2018 年有一定的缩小。虽然与 2017 年相比,2018 年个体户主或私营业主、单位或部门负责人和技术工人与非技术工人或农民之间在活期定期存款上的差距有所上升,但他们之间的差距依然小于其在 2016 年的差距。这与前文关于户主单位所有制性质的分析结果相一致,也在一定程度上反映出城乡居民之间的收入差距有所缩小。

表 4-18 2016—2018 年各职业种类的金融资产差异

金融资产类别	个体户主或私营业主/非技术工人或农民	专业技术人员/非技术工人或农民	单位或部门负责人/非技术工人或农民	办事人员/非技术工人或农民	技术工人/非技术工人或农民
2016 年					
手存现金	2.67	7.05	3.97	2.39	2.04

续表

金融资产类别	个体户主或私营业主/非技术工人或农民	专业技术人员/非技术工人或农民	单位或部门负责人/非技术工人或农民	办事人员/非技术工人或农民	技术工人/非技术工人或农民
活期定期存款总额	2.70	2.88	4.33	3.27	2.14
储蓄型保险	3.65	4.04	6.28	3.47	2.01
国债	4.67	5.25	6.35	4.83	3.66
股票	6.89	6.57	13.70	7.39	4.22
基金	11.55	16.35	19.14	12.68	4.26
期货	49.50	65.50	69.00	27.50	10.00
借出款	7.44	1.86	2.28	1.68	2.32
其他金融资产	18.86	5.96	18.47	6.95	2.94
2017 年					
手存现金	2.72	5.19	5.05	2.75	2.07
活期定期存款总额	2.17	2.70	3.20	2.53	1.85
储蓄型保险	3.27	4.10	3.99	3.19	1.55
国债	4.39	9.55	20.59	3.90	3.94
股票	1.88	3.91	5.46	6.18	2.19
基金	4.49	6.97	10.63	5.38	3.75
期货	2.50	20.50	16.50	4.50	10.50
借出款	2.64	2.60	2.72	4.43	1.99
其他金融资产	5.46	22.18	16.95	9.67	6.18
2018 年					
手存现金	1.80	4.20	4.28	2.61	2.28
活期定期存款总额	2.28	2.28	3.48	2.19	2.06
储蓄型保险	3.98	22.88	7.07	4.20	2.00
国债	1.85	4.08	6.49	2.85	5.51
股票	3.20	5.60	7.70	2.88	2.89
基金	4.14	4.97	8.94	3.55	3.42
期货	34.00	117.00	35.00	15.00	9.00
借出款	6.65	1.21	5.44	4.69	7.89
其他金融资产	10.82	1.89	2.17	5.01	5.16

第四节　风险态度与金融资产

金融资产的分布情况与家庭自身的风险偏好具有密切联系，愿意冒风险的人更可能进行高风险、高收益的投资，而不愿意承担风险的人更可能进行低风险、低收益的投资。2018 年的调查中加入了风险态度模块，对家庭的风险态度进行了相关调查。据此，本节就风险态度与金融资产的联系进行相关分析。根据表 4-19，我们可以发现，尽管活期定期存款和手存现金依然是各类家庭主要持有的金融资产，但是随着对风险态度的变化，家庭金融资产的分布情况也逐渐发生变化。当家庭更愿意冒风险时，其活期定期存款在金融资产中的份额将逐渐降低。风险规避家庭的活期定期存款占家庭金融资产的比重达到 82.65%，风险偏好家庭的该比重为 70.02%，下降了 12 个百分点，降幅达到 15.29%。股票、基金、借出款和国债成为风险偏好家庭金融资产的重要组成部分。

表 4-19　2018 年风险态度与金融资产分布

金融资产类别	风险规避		偏好居中		风险偏好	
	均值（元）	占比（%）	均值（元）	占比（%）	均值（元）	占比（%）
手存现金	2656	8.50	3161	8.39	5415	10.22
活期定期存款总额	25817	82.65	28836	76.50	37113	70.02
储蓄型保险	697	2.23	732	1.94	988	1.86
国债	152	0.49	226	0.60	1299	2.45
股票	190	0.61	718	1.90	4056	7.65
基金	156	0.50	562	1.49	1554	2.93
期货	14	0.04	19	0.05	105	0.20

续表

金融资产类别	风险规避		偏好居中		风险偏好	
	均值（元）	占比（%）	均值（元）	占比（%）	均值（元）	占比（%）
借出款（不包括经营债款）	1276	4.09	825	2.19	1523	2.87
其他金融资产	273	0.87	2603	6.91	781	1.47
外币金融资产余额	4	0.01	12	0.03	171	0.32

风险偏好能够反映出家庭在面对投资时的态度，与此相对应的另一个方面是家庭的风险承受能力。相对于风险偏好而言，风险承受能力偏向于表达一个家庭对投资损失的承受能力。根据表4-20可知，随着投资家庭能够承受本金亏损占比的提高，也就是风险承受能力更强时，家庭持有活期定期存款的份额呈现先下降后上升的趋势。能够承受本金亏损10%以内的家庭中，其活期定期存款所占家庭金融资产的份额最低，为64.68%；该份额比不能承受本金亏损的家庭的份额下降了10个百分点，降幅达到12%。可承受本金亏损10%以内的家庭持有股票、基金的份额更高。

表4-20　2018年风险承受能力与金融资产分布

金融资产类别	不能承受本金亏损	可承受本金10%以内的亏损	可承受本金20%—50%的亏损	可承受本金50%以上的亏损
	占比（%）	占比（%）	占比（%）	占比（%）
手存现金	8.26	8.37	6.46	17.55
活期定期存款总额	73.79	64.68	71.46	77.15
储蓄型保险	3.43	2.70	3.64	1.23
国债	1.46	2.41	3.68	0.59
股票	7.01	12.01	6.40	1.05
基金	3.44	7.29	5.56	0.80
期货	0.16	0.18	0.29	0.03

金融资产类别	不能承受本金亏损	可承受本金10%以内的亏损	可承受本金20%—50%的亏损	可承受本金50%以上的亏损
	占比（%）	占比（%）	占比（%）	占比（%）
借出款（不包括经营债款）	1.57	1.81	1.52	0.60
其他金融资产	0.73	0.34	0.92	0.96
外币金融资产余额	0.14	0.22	0.07	0.03
	均值（元）	均值（元）	均值（元）	均值（元）
手存现金	3326	4990	3656	5446
活期定期存款总额	29699	38572	40459	23938
储蓄型保险	1379	1610	2061	382
国债	587	1438	2086	183
股票	2820	7161	3622	327
基金	1385	4346	3148	249
期货	65	108	163	0
借出款（不包括经营债款）	633	1082	858	185
其他金融资产	295	201	523	257
外币金融资产余额	58	130	39	9

可承受本金 20%—50%亏损的家庭,其家庭活期定期存款所占家庭金融资产的份额高于可承受本金亏损 10%以内的家庭,但依然低于不能承受风险和能够承受本金 50%以上亏损的家庭。而且可承受本金 20%—50%亏损的家庭的手存现金占比也比较低,其金融资产分布相对比较丰富。可承受本金亏损 50%以上的家庭的活期定期存款比重比可承受本金亏损 10%以内的家庭高13 个百分点。这说明虽然这类家庭可以承受更多的本金损失,但是其并没有将资产更多地投向高风险的金融资产,而是选择了风险比较低的活期定期存款。从金融资产的绝对值来看,能够承受

本金亏损 50%以上的家庭的活期定期存款人均值并不高,仅达到可承受本金亏损 10%以内家庭的 62%。这说明其金融资产有限,投资能力有限,尽管其具有较高的风险承受能力。总体来看,可承受本金 10%以内亏损和承受本金 20%—50%亏损的家庭的金融资产比较丰富,其手存现金、活期定期存款比例相对较低。

根据表 4-21 可知,家庭对待投资风险的态度与家庭收入具有密切联系。尽管风险规避依然是大多数群体面对投资的态度,但是随着家庭收入水平的提高,风险规避群体所占的份额逐渐下降。高收入家庭面对风险时的态度更加积极,更愿意冒风险进行投资。同样,随着收入水平的提高,家庭的风险承受能力逐渐增强,能够承受本金亏损的比例逐渐提高。低收入家庭中不能承受本金亏损的比例达到 80.70%,而高收入家庭中不能承受本金亏损的比例降至 55.39%,下降了近 25 个百分点,降幅接近三分之一。这与前文关于家庭收入与金融资产分布的分析一致,高收入家庭的金融资产分布更加分散,而低收入家庭的则更加集中。

表 4-21　2018 年风险态度、风险承受能力与家庭收入　　（单位:%）

风险态度及风险承受能力		低收入家庭	中等收入家庭	高收入家庭
风险态度	风险规避	76.06	61.18	57.43
	态度居中	23.75	37.95	39.84
	风险偏好	0.19	0.87	2.73
风险承受能力	不能承受本金亏损	80.70	65.66	55.39
	可承受本金 10%以内的亏损	11.80	20.00	25.36
	可承受本金 20%—50%的亏损	2.57	7.65	13.14
	可承受本金 50%以上的亏损	4.93	6.69	6.11

从不同年龄阶段来看,随着年龄的提高,持风险规避态度的人越来越多,不愿意冒较大风险。根据表4-22可知,30—40岁群体中持风险规避态度的比例在各年龄中最低,30岁以下群体中持风险规避态度的比例与此相当,略高一点儿。这说明年轻人更愿意进行一些高风险的投资,更愿意冒一些风险,而年老的人却偏好于低风险的投资。

表4-22 2018年风险态度、风险承受能力与户主年龄   （单位:%）

风险态度及风险承受能力		30岁以下	30—40岁以下	40—50岁以下	50—60岁以下	60岁及以上
风险态度	风险规避	54.17	50.72	60.18	72.94	78.28
	态度居中	42.00	47.66	38.53	26.06	21.25
	风险偏好	3.83	1.62	1.29	1.00	0.47
风险承受能力	可承受本金50%以上的亏损	6.50	6.24	4.07	8.30	7.93
	可承受本金20%—50%的亏损	15.16	12.33	5.86	8.57	5.51
	可承受本金10%以内的亏损	26.06	21.29	19.47	19.64	18.07
	不能承受本金亏损	52.28	60.14	70.60	63.49	68.49

各年龄组中不能承受本金亏损的群体都超过了一半。40—50岁群体中不能承受本金亏损的比例最高,虽然该年龄段中持风险规避态度的比例不是各年龄段中最高的,但是其风险承受能力却是最弱的。40—50岁群体恰好处于"上有老、下有小"的时期,具有较大的生活压力,风险承受力比较差。60岁以上群体的风险承受能力也比较差,这可能是因为退出劳动力市场之后,养老收入相对固定,个人创造财富的能力也出现了下降,一旦亏损可能导致养老生活质量大幅下降,从而降低了其风险承受能力。

　　受教育水平与家庭收入具有密切联系,随着受教育水平的提高,一般而言家庭人均收入也会提高。从表4-23可以看出,风险态度、风险承受能力与户主受教育水平之间的关系,和其与家庭人均收入之间的关系相一致。户主学历越高时其持风险规避态度的比重越低,同时其风险承受能力也越强。

表4-23　2018年风险态度、风险承受能力与户主受教育水平(单位:%)

风险态度及风险承受能力		小学及以下	初中	高中/高职/中专	大专	大学及以上
风险态度	风险规避	76.15	65.58	54.85	49.97	46.86
	态度居中	23.24	33.40	43.38	48.00	49.07
	风险偏好	0.61	1.03	1.77	2.03	4.07
风险承受能力	可承受本金50%以上的亏损	9.23	3.98	5.55	3.86	10.94
	可承受本金20%—50%的亏损	3.73	7.92	10.43	8.91	20.01
	可承受本金10%以内的亏损	13.43	16.41	27.96	21.10	29.08
	不能承受本金亏损	73.61	71.69	56.06	66.14	39.97

　　户主就业身份与户主本身的风险偏好具有一定联系。风险偏好群体更可能是雇主、自营劳动者等具有一定投资的群体,而雇员可能更加保守。从表4-24可知,雇主和自营劳动者中持风险规避态度的群体占比相对较低,风险态度居中的比例较高。风险承受能力表现出同样的特征,雇主和自营劳动者中不能承受本金亏损的占比相对较低。自营劳动者中风险偏好群体所占的比例最低,同时其可承受本金亏损50%以上的群体所占的比例最高,这在一定程度上反映出自营劳动者比较保守,其从事的自营活动可能是风险相对比较低的,同时资金规模也比较有限,具有一定的风险承受能力。

表 4-24　2018 年风险态度、风险承受能力与户主就业身份　（单位:%）

风险态度及风险承受能力		雇主	雇员	自营劳动者	其他
风险态度	风险规避	54.33	64.18	59.62	77.31
	态度居中	42.74	34.15	39.49	20.97
	风险偏好	2.93	1.67	0.89	1.72
风险承受能力	可承受本金 50% 以上的亏损	3.54	5.98	6.95	1.00
	可承受本金 20%—50% 的亏损	13.82	8.98	8.32	5.17
	可承受本金 10% 以内的亏损	25.44	20.37	22.61	9.44
	不能承受本金亏损	57.20	64.67	62.12	84.39

第五章　动产与耐用消费品

本章主要分析了家庭动产与耐用消费品的构成、动产与耐用消费品的城乡差异与地区差异、不同人群组在动产与耐用消费品上的差异。由于汽车是家庭的主要动产与耐用消费品类型,本章最后还具体分析了家庭汽车消费与信贷情况。

第一节　动产与耐用消费品的构成

家庭动产与耐用消费品主要包括家用汽车,其他家用代步工具,家用电器、数码电子产品,家具,其他耐用消费品,黄金、其他贵金属、珠宝,其他工艺品、收藏品等。按照消费需求理论,对于动产的需求是在基本生存需求之上的需求,建立在不同的收入水平上。如果将动产结构看作不同收入水平的体现,则可以通过动产结构的分析说明不同群体的收入特征,或者反映出不同群体的动产需求。此外,随着我国居民收入水平的增加,居民对于动产的需求也将不断提高,需求的种类也将随着发生变化。

从表5-1可见,2015—2018年,全国家庭人均动产与耐用消费品的价值分别为15175元、17838元、20570元和24169元,呈现逐年递增的趋势。从内部构成看,在动产与耐用消费品中,历年家用汽车的价值占比相对较高,其次是家用电器、数码电子产品、家具、黄金、其他贵金属、珠宝。各类动产及耐用消费品的价值逐年有所提高。

表5-1　2015—2018年全国家庭人均动产的组成　　(单位:元)

动产种类	家庭人均动产
2015 年	
家用汽车	10405
金银珠宝	1524
工艺品、收藏品	307
耐用消费品	2798
其他	142
合计	15175
2016 年	
家用汽车	8884
其他家用代步工具	800
家用电器、数码电子产品	3287
家具	2882
耐用消费品	599
黄金、其他贵金属、珠宝	1276
工艺品、收藏品	85
其他	24
合计	17838
2017 年	
家用汽车	10992
其他家用代步工具	748
家用电器、数码电子产品	3820
家具	2931

动产种类	家庭人均动产
耐用消费品	371
黄金、其他贵金属、珠宝	1658
工艺品、收藏品	45
其他	5
合计	20570
2018 年	
家用汽车	12966
其他家用代步工具	607
家用电器、数码电子产品	4803
家具	3563
耐用消费品	469
黄金、其他贵金属、珠宝	1721
其他	40
合计	24169

从家庭人均动产的结构看,2015 年,家用汽车是城乡家庭人均资产的最重要的组成部分,以市场价衡量,城乡家庭家用汽车的估值人均为 10405 元,占家庭人均动产的 68.57%。2017 年,家用汽车仍是城乡家庭动产中最重要的部分,占动产的 50%。其次是家用电器/数码电子产品、家具。

第二节 动产与耐用消费品的城乡差异与地区差异

一、城乡差异

由于城乡之间存在收入差距,在动产结构和动产规模上也必然存在一定差异,这也能够反映出不同群体对于家庭动产的需求。

家庭动产与耐用消费品的价值方面,城乡差距比较明显。从表
5-2可见,2015—2018年,城镇家庭人均动产与耐用消费品的价值
分别为22088元、24689元、28114元和32732元,农村家庭人均动
产与耐用消费品的价值分别为6612元、8924元、10228元和11824
元。从趋势看,城乡之间动产与耐用消费品价值的差距呈现缩小
的特点。城乡之间动产与耐用消费品价值的内部构成顺序与全国
基本一致。

表5-2　2015—2018年分城乡家庭人均动产的组成　　（单位:元）

动产种类	城镇	农村
2015 年		
家用汽车	15012	4598
金银珠宝	2172	721
其他工艺品、收藏品	507	58
耐用消费品	4215	1044
其他	183	90
合计	22088	6512
2016 年		
家用汽车	12984	3549
汽车外的家用代步工具	840	748
家用电器、数码电子产品	4208	2089
家具	3766	1732
其他耐用消费品	883	230
黄金、其他贵金属、珠宝	1832	553
工艺品、收藏品	139	16
其他	37	7
合计	24689	8924
2017 年		
家用汽车	15709	4525
汽车外的家用代步工具	739	760

动产种类	城镇	农村
家用电器、数码电子产品	4895	2345
家具	3820	1712
其他耐用消费品	567	104
黄金、其他贵金属、珠宝	2303	774
工艺品、收藏品	74	7
其他	7	2
合计	28114	10228
2018 年		
家用汽车	18159	5480
汽车外的家用代步工具	597	622
家用电器、数码电子产品	6158	2849
家具	4670	1966
耐用消费品	731	91
黄金、其他贵金属、珠宝	2366	793
其他	51	23
合计	32732	11824

2015 年,城镇和农村家庭家用汽车的人均估值分别为 15012 元和 4698 元,占家庭人均动产的 67.96% 和 71.06%。城镇家庭家用汽车的人均估值是农村家庭的 3.20 倍,但其在家庭人均动产中的比重比农村家庭低 3.10 个百分点。2016 年,城镇家庭的人均家用汽车的价值达到 12984 元,是农村的 3.66 倍。城镇家庭在家用电器、数码电子产品,家具上的资产分别是农村家庭的 2.01 倍、2.17 倍。2017 年,城镇、农村家庭的人均家用汽车的价值分别为 15709 元、4525 元,城镇家庭的家用汽车的市值是农村的 3.47 倍。城镇家庭在家用电器、数码电子产品,家具上的资产分别是农村家庭的 2.09 倍、2.23 倍。从动产的分布情况来看,城镇家庭的动产中家用汽车,其他耐用消费品,黄金、其他工艺品的比重高于农村

居民;而农村家庭的动产中其他家用代步工具,家用电器、数码电
子产品,家具的比重要高于城镇家庭。2018 年,城镇、农村家庭的
人均家用汽车的价值分别为 18159 元、5480 元,城镇家庭的家用
汽车的市值是农村家庭的 3.31 倍。城镇家庭在家用电器、数码电
子产品,家具上的资产分别是农村家庭的 2.16 倍、2.38 倍。从动
产的分布情况来看,城镇家庭的动产中家用汽车,其他耐用消费
品,黄金、其他贵金属、珠宝的比重要高于农村家庭;而农村家庭的
动产中其他家用代步工具,家用电器、数码电子产品,家具的比重
要高于城镇家庭。

二、地区差异

从表 5-3 可见,将全国按照经济和地理因素分为东部、中部、
西部,发现家庭人均动产在东部、中部、西部三大区域之间也存在
着差异。东部地区的人均动产总量远高于中部和西部地区。东
部、中部、西部地区之间动产与耐用消费品价值的内部构成顺序与
全国基本一致。各类别动产的人均价值也存在从西部到东部逐步
递增的趋势。

表 5-3　2015—2018 年分地区家庭人均动产的组成　　　(单位:元)

动产种类	东部	中部	西部
2015 年			
家用汽车	12944	10456	5062
金银珠宝	1816	1825	456
工艺品、收藏品	225	504	173
耐用消费品	4467	1612	1158
其他	94	212	132
总计	19546	14609	6981

动产种类	东部	中部	西部
2016 年			
家用汽车	11985	6175	6610
汽车外的家用代步工具	948	731	599
家用电器、数码电子产品	4285	2670	2164
家具	4044	2049	1750
耐用消费品	822	444	376
黄金、其他贵金属、珠宝	1770	1100	522
工艺品、收藏品	131	55	37
其他	34	17	13
合计	24019	13241	12071
2017 年			
家用汽车	14822	10067	4480
汽车外的家用代步工具	870	706	559
家用电器、数码电子产品	4228	3887	2873
家具	3434	2708	2228
耐用消费品	541	264	185
黄金、其他贵金属、珠宝	1902	1774	977
工艺品、收藏品	65	34	23
其他	9	2	1
合计	25871	19442	11327
2018 年			
家用汽车	17112	10667	7881
汽车外的家用代步工具	708	511	545
家用电器、数码电子产品	4737	5721	3548
家具	4132	3695	2184
耐用消费品	894	181	26
黄金、其他贵金属、珠宝	2310	1677	572
其他	79	12	1
合计	29972	22464	14757

　　2015 年,东部地区家庭人均动产为 19546 元,中部地区和西部地区家庭人均动产分别为 14609 元和 6981 元。东部地区家庭

人均动产分别为中部地区和西部地区的 1.34 倍和 2.09 倍。从家庭人均动产的结构看，家用汽车在中部地区和西部地区居民家庭人均动产中的比重要高于东部地区。而金银珠宝在中部地区家庭动产中的比重为 12.50%，高于其在东部地区和西部地区家庭人均动产中的比重。此外，中部地区工艺品和收藏品的人均价值为 504 元，分别是东部地区和西部地区的 2.24 倍和 2.91 倍。从相对比重来看，工艺品和收藏品在中部地区家庭人均动产中的比重为 3.45%，也要高于东部地区和西部地区。

2016 年，东部地区家庭的人均动产远高于中部和西部地区的家庭。中部和西部地区家庭人均动产之间的差异并不大。就家庭人均动产中份额最大的家用汽车、家用电器和家具而言，东部地区家庭的这三类动产分别是中部地区的 1.94 倍、1.61 倍和 1.97 倍。

2017 年，东部地区家庭的人均动产为 25871 元，中部和西部地区家庭人均动产分别是 19442 元和 11327 元。东部地区的人均动产远高于中部和西部地区，分别是中部和西部地区的 1.33 倍和 2.28 倍。从动产的构成结构来看，家用汽车占家庭动产的比重在东部地区最高，达到 57%，其次是中部地区的 52%，最后是西部地区的 40%。从绝对值来看，东部地区家庭的家用汽车的市值分别是中部和西部地区的 1.47 倍和 3.31 倍。家用电器、数码电子产品占家庭动产的比重在西部地区最高，其次是中部地区、东部地区。家具的比重同样是在东部地区最高，中部和东部地区家庭中家具的比重相对较低。就其他动产来看，价值从高到低分别是黄金、其他贵金属、珠宝、其他家用代步工具、其他耐用消费品。虽然这些动产都是东部地区的市场价值最高，但是在地区内部的分配占比来看，东部地区家庭中只有其他耐用消费品的占比高于中部地区的家庭,黄金、其他贵金属、珠宝和其他家用代步工具的占比都低于中部地区,其他家用代步工具的占比也低于西部地区。

2018年,东部地区家庭的人均动产为29972元,中部和西部地区家庭人均动产分别是22463元和14755元。东部地区的人均动产远高于中部和西部地区的,分别是中部和西部的1.33倍和2.08倍。从动产的构成结构来看,家用汽车占家庭动产的比重在东部地区最高,达到57%,其次是西部地区的53%,最后是中部地区的47%。从绝对值来看,东部地区家庭的家用汽车的市值分别是中部和西部地区的1.60倍和2.17倍。家用电器、数码电子产品占家庭动产的比重在中部、西部地区比重相当,且高于东部地区。家具的比重同样是在中部地区最高,略高于东部、西部地区家庭中家具的比重。除了家用汽车,家用电器、数码电子产品和家具之外,就其他动产来看,价值从高到低分别是黄金、其他贵金属、珠宝、其他家用代步工具、其他耐用消费品。虽然这些动产在东部地区家庭的市场价值最高,但东部地区家庭中只有其他耐用消费品的拥有量远高于中部、西部地区的家庭,其他家用代步工具的价值略高于中部、西部地区,黄金、其他贵金属、珠宝的持有量略高于中部地区家庭,但大幅高于西部地区家庭。

第三节 不同群组在动产与耐用消费品上的差异

一、不同收入等分组的差异

包括动产在内的财产无疑会受到流量形式的收入累积性影响。鉴于此,本书根据家庭人均收入将居民分为三个收入等分组,并分别考察三个收入等分组的家庭动产及其组成结构。可以看到,不同收入等分组的家庭人均动产在总量上存在着较大的差异。

在核心的家庭动产中,家用汽车,家用电器、数码电子产品和家具,同样随着收入水平的提高而不断提高。这其中家用汽车随收入上涨的幅度最大。家用电器、数码电子产品和家具虽然也随着收入的提高而上涨,但上涨幅度较小,远没有家用汽车上涨的幅度大。相比而言,最高收入组除了在家用汽车上占比较大之外,在其他家用代步工具,家用电器、数码产品上的占比大幅高于低、中收入组的水平。

具体来看,根据表5-4,2015年,不同收入等分组的家庭人均动产在总量上存在着较大的差异。收入的最低三等分组的家庭人均动产为3327元,中间三等分组和最高三等分组的家庭人均动产分别为10721元和37221元。最高三等分组的家庭人均动产分别是中间三等分组和最低三等分组的3.47倍和11.19倍。从家庭人均动产的分项看,家用汽车的人均价值在最高三等分组为24430元,而中间三等分组和最低三等分组的家用汽车的人均价值分别为8027元和2532元。最高三等分组的家用汽车的人均价值分别是中间三等分组和最低三等分组的3.04倍和9.65倍。三个收入等分组在金银珠宝以及其他工艺品和收藏品方面的差异非常明显。最高三等分组的金银珠宝以及其他工艺品和收藏品人均价值分别达到了最低三等分组的19.41倍和40.17倍。从结构上,家庭动产的来源在三个等分组中都较为单一。家用汽车、金银珠宝以及其他耐用消费品分别占到了最低三等分组、中间三等分组和最高三等分组的97.77%、98.11%和96.62%。但不同收入等分组在家庭动产的结构上也不同。与中间三等分组和最高三等分组相比,最低三等分组家庭动产的来源更为集中。家用汽车和其他耐用消费品在最低三等分组的比重达到了91.76%,而在中间三等分组和最低三等分组中,家用汽车和耐用消费品的比重分别为87.62%和86.19%。

表5-4 2015年不同收入等分组的家庭人均动产

动产种类	最低三等分组		中间三等分组		最高三等分组	
	金额（元）	占比（%）	金额（元）	占比（%）	金额（元）	占比（%）
家用汽车	2532	76.12	8027	74.87	24430	65.63
金银珠宝	200	6.01	1124	10.49	3882	10.43
工艺品、收藏品	23	0.69	116	1.08	924	2.48
耐用消费品	520	15.64	1367	12.75	7654	20.56
其他	52	1.55	87	0.81	331	0.89
总计	3327	100	10721	100	37221	100

从表5-5可见,2016年,随着收入水平的提高,家庭人均动产也随着不断提高。核心的家庭动产如家用汽车,家用电器、数码电子产品和家具同样随着收入水平的提高而不断提高。这其中家用汽车随收入上涨的幅度最大,最高收入组是最低收入组的18.96倍。家用电器、数码电子产品和家具虽然也随着收入的提高而上涨,但基本是水平式的上涨,远没有家用汽车上涨的幅度大。

表5-5 2016年按家庭人均收入分组的人均动产分布   (单位:元)

动产种类	1	2	3	4	5	6	7	8	9
家用汽车	1731	2453	3113	4905	6172	8723	12543	17776	32818
汽车外的家用代步工具	534	591	710	730	818	913	951	1035	1274

续表

动产种类	1	2	3	4	5	6	7	8	9
家用电器、数码电子产品	1193	1708	2172	2610	3259	3936	4600	5522	7763
家具	821	1365	1698	2127	2725	3615	4202	5189	7256
耐用消费品	51	96	129	190	345	626	938	1239	2658
黄金、其他贵金属、珠宝	183	317	568	818	1164	1593	2129	2540	3849
工艺品、收藏品	5	17	23	32	47	60	139	171	417
其他	4	10	6	9	14	24	69	46	75

从表 5-6 可见,2017 年,家用汽车,家用电器、数码电子产品和家具,同样随着收入水平的提高而不断提高。这其中家用汽车随收入上涨的幅度最大,最高收入组是最低收入组的 9.59 倍。家用电器和家具虽然也随着收入的提高而上涨,但涨幅较小,远没有家用汽车上涨的幅度大。相比而言,最高收入组除了在家用汽车上占比较大之外,在其他家用代步工具和家用电器、数码产品上的占比也大幅高于低、中收入组的水平。2018 年,仍然是家用汽车随收入上涨的幅度最大,最高收入组是最低收入组的 7.77 倍。家用电器和家具虽然也随着收入的提高而上涨,但基本还是小幅上涨。

表 5-6 2017—2018 年不同收入等分组的家庭人均动产　（单位:元）

动产种类	最低三等分组	中间三等分组	最高三等分组
2017 年			
家用汽车	2285	7789	21909
汽车外的家用代步工具	637	743	854
家用电器、数码电子产品	2059	3776	5486
家具	1242	2567	4818

续表

动产种类	最低三等分组	中间三等分组	最高三等分组
耐用消费品	102	190	783
黄金、其他贵金属、珠宝	610	1550	2725
工艺品、收藏品	12	26	93
其他	2	4	9
合计	6949	16644	36678
2018 年			
家用汽车	3212	10413	24957
汽车外的家用代步工具	506	628	686
家用电器、数码电子产品	2934	4750	6684
家具	1583	3444	5615
耐用消费品	38	189	1158
黄金、其他贵金属、珠宝	655	1425	3049
其他	21	26	71
合计	8949	20875	42220

二、户主特征与动产

(一)不同年龄段户主的动产分布

根据表5-7可知,随着户主年龄的提高,其家庭的人均动产将会下降。其中人均家用汽车的价值下降速度最快。当户主的年龄在30岁以下时,其家庭的人均家用汽车的价值最高。其他的家庭动产虽然也随着户主年龄的提高而下降,但是各年龄段之间的差异并不是很大,远小于家用汽车在各群体之间的差异。

表 5-7 2016—2018 年按户主年龄分类的人均动产分类 （单位:元）

动产种类	30 岁以下	30—40 岁以下	40—50 岁以下	50—60 岁以下	60 岁及以上
2016 年					
家用汽车	13987	11802	9929	7178	3998
汽车外的家用代步工具	1092	862	863	729	591
家用电器、数码电子产品	4706	3829	3331	2990	2402
家具	4271	3348	2944	2568	2079
耐用消费品	1065	803	649	491	239
黄金、其他贵金属、珠宝	1950	1674	1266	1175	721
工艺品、收藏品	129	126	89	69	41
其他	32	38	29	17	6
合计	27232	22482	19100	15217	10077
2017 年					
家用汽车	16988	14679	12839	10619	3864
汽车外的家用代步工具	837	716	806	794	618
家用电器、数码电子产品	4770	3976	3864	3901	3249
家具	4554	3259	3089	2738	2111
耐用消费品	843	462	435	251	175
黄金、其他贵金属、珠宝	2604	1794	1680	1658	1215
工艺品、收藏品	94	53	46	46	23
其他	8	5	7	3	2
合计	30698	24944	22766	20010	11256
2018 年					
家用汽车	21188	18653	14959	11579	4558
汽车外的家用代步工具	679	622	645	665	474
家用电器、数码电子产品	4910	5157	4895	4792	4370
家具	4388	4364	3910	3195	2564
耐用消费品	961	686	471	313	281
黄金、其他贵金属、珠宝	2153	2172	1605	1603	1455
其他	115	68	36	23	13
合计	34394	31722	26521	22170	13715

从时间趋势看,各年龄段户主的家庭人均动产水平都在逐步提升,但是,较低年龄组的增长势头更为明显。

具体来看,2016 年,当户主的年龄在 30 岁以下时,其家庭的人均家用汽车的价值为 13987 元,是户主在 60 岁及以上家庭的 3.50 倍。其他的家庭动产虽然也随着户主年龄的提高而下降,但是各年龄段之间的差异并不是很大,远小于家用汽车在各群体之间的差异。

2017 年,当户主的年龄在 30 岁以下时,其家庭的人均家用汽车的价值为 16988 元,占家庭动产总额的 55%;当户主的年龄在 60 岁及以上时,其家庭中人均家用汽车的价值为 3864 元,占家庭动产的比重为 34%。在绝对值上,户主年龄在 30 岁以下家庭的家用汽车人均值是户主年龄在 60 岁及以上家庭的 4.39 倍。

2018 年,当户主的年龄在 30 岁以下时,其家庭的人均家用汽车的价值为 21188 元,占家庭动产总额的份额超过了 60%;当户主的年龄在 60 岁及以上时,其家庭中人均家用汽车的价值为 4558 元,占家庭动产的比重达到了 33%。在绝对值上,户主年龄在 30 岁以下家庭的家用汽车人均值是户主年龄在 60 岁及以上家庭的 4.65 倍。

(二)不同受教育水平户主的动产分布

以户主的受教育水平作为分类依据时,可以看到:2016—2018 年,随着户主受教育水平的提高,其家庭的各项人均动产都逐步提高(见表 5-8)。家用汽车作为最主要的家庭动产,其随着户主受教育水平的提高而大幅提高。当户主的受教育水平是大学及以上时,其家庭的人均家用汽车的价值是户主为小学及以下家庭的 7

倍左右。尽管其他的家庭人均动产也会随着户主受教育水平的提高而提高,但是提高的幅度比较小,额度也相对较少。

表 5-8　2016—2018 年按户主受教育水平分类的人均动产的分布

(单位:元)

动产种类	小学及以下	初中	高中/高职/中专	大专	大学及以上
2016 年					
家用汽车	3657	6366	11288	17739	25858
汽车外的家用代步工具	703	767	876	950	988
家用电器、数码电子产品	2053	2771	4170	5353	6097
家具	1836	2264	3684	4851	5745
耐用消费品	170	351	782	1609	1953
黄金、其他贵金属、珠宝	566	913	1819	2563	2959
工艺品、收藏品	24	42	134	216	262
其他	18	13	35	28	61
合计	9027	13487	22788	33309	43923
2017 年					
家用汽车	4434	9033	15795	20711	30950
汽车外的家用代步工具	663	802	835	671	659
家用电器、数码电子产品	2863	3665	4673	5029	5550
家具	2011	2694	3488	4590	5541
耐用消费品	151	291	477	687	1376
黄金、其他贵金属、珠宝	1018	1462	2140	2533	3688
工艺品、收藏品	17	32	68	75	174
其他	1	6	8	4	15
合计	11158	17984	27483	34300	47953
2018 年					
家用汽车	5143	11153	18169	25471	36644
汽车外的家用代步工具	485	670	714	633	580
家用电器、数码电子产品	3641	4943	5582	6329	6292
家具	2140	3558	4727	5582	5467

续表

动产种类	小学及以下	初中	高中/高职/中专	大专	大学及以上
耐用消费品	99	345	797	1085	1482
黄金、其他贵金属、珠宝	884	1724	2427	2544	3294
其他	16	37	50	91	93
合计	12408	22430	32466	41745	53852

2016年，当户主的受教育水平是大学及以上时，其家庭的人均家用汽车的价值是户主为小学及以下家庭的7.07倍。2017年，当户主的受教育水平是大学及以上时，其家庭的人均家用汽车的价值是户主为小学及以下家庭的6.98倍。2018年，当户主的受教育水平是大学及以上时，其家庭的人均家用汽车的价值是户主为小学及以下家庭的7.13倍。

(三)户主就业身份

户主的就业情况与收入具有密切联系，就业情况的差别也会体现在动产的持有量上。根据就业状态的分析，可以反映出不同就业群体对动产的投资能力和意愿，以及各类动产在家庭动产中所占的份额，这在一定程度上能够反映出家庭对动产的需求次序。

根据表5-9，当户主的就业身份不同时，不同家庭之间人均动产存在差异。当户主是雇主或者是雇员时，其家庭的人均家用汽车价值比较高，且人均动产总价值较高。当户主是自营劳动者时，其家庭的人均动产水平最低。就家用汽车来看，当户主是雇主时，其家庭的人均家用汽车的价值是自营劳动者家庭的3倍左右。从各类家庭内部的占比来看，当户主是雇主时，其家用汽车占家庭动产的比例也最高，雇员家庭和自营劳动者家庭中汽车价值的占比低于这一水平。然而,家用电器和家具占动产的比重都是自营劳动者家庭的最高,其次是雇员。相比于家用汽车,家用电器、数码电子产品和家具具有更强的必需性。

表5-9　2016—2018年按户主就业身份分类的人均动产的分布

(单位:元)

动产种类	雇主	雇员	自营劳动者	其他
2016 年				
家用汽车	16288	12281	5366	8239
汽车外的家用代步工具	900	912	750	879
家用电器、数码电子产品	3404	4245	2381	2317
家具	2847	3833	1893	1970
耐用消费品	950	947	223	304
黄金、其他贵金属、珠宝	1603	1841	668	663
工艺品、收藏品	141	127	37	71
其他	47	28	17	54
合计	26180	24214	11335	14497
2017 年				
家用汽车	18936	14377	7316	9218
汽车外的家用代步工具	769	818	736	855
家用电器、数码电子产品	3428	4425	3135	3204
家具	3409	3464	2158	2894
耐用消费品	772	504	131	255
黄金、其他贵金属、珠宝	1534	2081	1185	892
工艺品、收藏品	80	60	22	45
其他	11	7		12
合计	28938	25737	14684	17375
2018 年				
家用汽车	26350	16604	9679	8109
汽车外的家用代步工具	781	666	573	1046

续表

动产种类	雇主	雇员	自营劳动者	其他
家用电器、数码电子产品	4044	5313	3883	3625
家具	3530	4162	2716	2713
耐用消费品	813	646	187	177
黄金、其他贵金属、珠宝	1868	1988	1253	858
其他	63	65	9	61
合计	37449	29444	18300	16589

具体来看,2016 年,当户主是雇主时,其家庭的人均家用汽车的价值是自营劳动者家庭的 3.04 倍。2017 年,当户主是雇主时,其家庭的人均家用汽车的价值是自营劳动者家庭的 3.04 倍。2018 年,当户主是雇主时,其家庭的人均家用汽车的价值是自营劳动者家庭的 2.72 倍。从各类家庭内部的占比来看,当户主是雇主时,其家用汽车占家庭动产的比例也最高,达到 70%。

(四)户主所在单位性质

根据表 5-10,当户主工作单位的所有制性质不同时,家庭人均动产也存在一定的差异。总体来看,家用汽车,家用电器、数码电子产品和家具依然是家庭动产的主要部分,且家用汽车是最主要的家庭动产。从家用汽车来看,当户主工作单位的所有制性质是机关事业单位或外资企业时,其所在家庭的人均家用汽车的价值基本相当,机关事业单位略高一些。当户主的工作单位所有制性质是国有企业时,其家用汽车的人均值略低于机关事业。当户主是土地承包者时,其家庭的人均家用汽车的价值最低。

表 5-10 2016—2018 年按户主工作单位所有制性质分类的人均动产的分布

(单位:元)

动产种类	机关事业单位	国有企业	集体企业	外资企业	个体私营企业	土地承包者
2016 年						
家用汽车	19158	18785	12651	18587	10202	1973
汽车外的家用代步工具	985	783	993	870	892	674
家用电器、数码电子产品	4600	5285	4270	5609	3734	1443
家具	4347	4591	3672	5217	3260	1098
耐用消费品	1104	1592	981	1996	657	94
黄金、其他贵金属、珠宝	1901	2810	1925	3449	1448	274
工艺品、收藏品	169	288	158	263	83	7
其他	47	44	28	32	27	1
合计	32311	34178	24678	36023	20303	5564
2017 年						
家用汽车	24343	16997	13247	22925	12107	1826
汽车外的家用代步工具	959	828	783	569	775	593
家用电器、数码电子产品	6347	5301	3966	4339	3916	1718
家具	4157	3866	3415	4426	3321	1127
耐用消费品	691	764	524	875	359	70
黄金、其他贵金属、珠宝	3099	2852	1774	2674	1679	489
工艺品、收藏品	104	55	63	97	43	5
其他	13	7	13	4	5	0
合计	39714	30669	23786	35909	22213	5828
2018 年						
家用汽车	29914	24714	13373	28289	14074	3602
汽车外的家用代步工具	709	651	555	814	627	626
家用电器、数码电子产品	7785	7785	4095	5961	4675	2321
家具	5753	5851	3524	5539	3737	1381
耐用消费品	975	1225	850	1351	424	62
黄金、其他贵金属、珠宝	3097	3113	1669	2923	1726	416
其他	61	30	60	246	46	5
合计	48294	43369	24126	45123	25299	8413

2016 年,从家用汽车来看,当户主工作单位的所有制性质是机关事业单位、国有企业或外资企业时,其所在家庭的人均家用汽车的价值基本相当,机关事业单位略高一些,为 19158 元。当户主的工作单位为集体企业或个体私营企业时,其家庭的人均家用汽车的价值为 10000—13000 元。当户主是土地承包者时,其家庭的人均家用汽车的价值最低,仅为 1973 元,是机关事业单位家庭的 10.3%。

2017 年,从家用汽车来看,当户主工作单位的所有制性质是机关事业单位或外资企业时,其所在家庭的人均家用汽车的价值基本相当,机关事业单位的略高一些,为 24343 元。当户主的工作单位为集体企业或个体私营企业时,其家庭的人均家用汽车的价值在 13000 元左右。当户主是土地承包者时,其家庭的人均家用汽车的价值最低,仅为 1826 元。

2018 年,从家用汽车来看,当户主工作单位的所有制性质是机关事业单位或外资企业时,其所在家庭的人均家用汽车的价值基本相当,机关事业单位的略高一些,为 29914 元。当户主的工作单位所有制性质是国有企业时,其家用汽车的人均值略低于机关事业,达到 24714 元。当户主的工作单位为集体企业或个体私营企业时,其家庭的人均家用汽车的价值,在 14000 元左右。当户主是土地承包者时,其家庭的人均家用汽车的价值最低,仅为 3602 元。

(五)户主职业类别

除了就业身份、工作单位的所有制性质之外,户主的职业类别是户主工作的另一个重要体现。根据表 5-11,家庭动产在户主职业类别上也有差异。家庭动产的结构并没有因户主职业类别的分类而产生不同,家用汽车依然是最主要的家庭动产,然后是家用电器和家具。从具体的分类来看,当户主是单位或部门负责人时,其家庭的人均家用汽车的价值最高。当户主是专业技术人员、办事人员和个体户主或私营业主时,其家庭的人均家用汽车的价值较高。当户主是技术工人时,其家庭的人均家用汽车的价值要比第二梯队的家庭低一些。当户主是非技术工人或农民时,其家庭的人均家用汽车的价值最低。

表 5-11 2016—2018 年按户主职业种类分类的人均动产分布 (单位:元)

动产种类	个体户主或私营业主	专业技术人员	单位或部门负责人	办事人员	技术工人	非技术工人或农民
2016 年						
家用汽车	13105	17244	23787	15388	9670	3288
汽车外的家用代步工具	927	926	1019	1021	911	682
家用电器、数码电子产品	3787	4640	5372	4934	3863	2075
家具	3206	4305	5012	4842	3162	1660
耐用消费品	737	1109	1843	1211	637	198
黄金、其他贵金属、珠宝	1454	1931	2604	2394	1533	608
工艺品、收藏品	113	159	239	176	85	25
其他	40	68	41	36	23	14
合计	23369	30382	39917	30002	19304	8550
2017 年						
家用汽车	17545	20584	24779	17596	10751	4510
汽车外的家用代步工具	790	793	978	703	854	719
家用电器、数码电子产品	4805	4508	4724	4966	4077	2818
家具	3943	4511	3797	4223	3222	1826
耐用消费品	406	1235	800	516	506	139
黄金、其他贵金属、珠宝	2166	2321	2046	2547	1810	1081
工艺品、收藏品	59	155	111	53	64	14
其他	5	29	19	4	3	2
合计	29719	34138	37253	30608	21287	11108

续表

动产种类	个体户主或私营业主	专业技术人员	单位或部门负责人	办事人员	技术工人	非技术工人或农民
2018 年						
家用汽车	18698	23983	31954	16547	15990	5960
汽车外的家用代步工具	587	605	704	556	765	647
家用电器、数码电子产品	5471	5015	5778	5717	4982	3216
家具	4214	4612	5361	4771	3938	2006
耐用消费品	435	847	1563	573	775	98
黄金、其他贵金属、珠宝	2000	2403	2753	1983	2286	889
其他	23	78	217	58	51	13
合计	31428	37543	48330	30205	28787	12829

2016 年,当户主是单位或部门负责人时,其家庭的人均家用汽车的价值最高,达到了 23787 元。当户主是专业技术人员、办事人员和个体户主或私营业主时,其家庭的人均家用汽车的价值较高,在 15000 元左右。当户主是技术工人时,其家庭的人均家用汽车的价值要比第二梯队的家庭低一些,在 10000 元以下。当户主是非技术工人或农民时,其家庭的人均家用汽车的价值最低,仅为 3288 元,约为单位或部门负责人家庭的 14%。

2017 年,当户主是单位或部门负责人时,其家庭的人均家用汽车的价值最高,达到了 24779 元。当户主是专业技术人员、办事人员和个体户主或私营业主时,其家庭的人均家用汽车的价值较高,在 18000—21000 元。当户主是技术工人时,其家庭的人均家用汽车的价值要比第二梯队的家庭低一些,为 10751 元。当户主是非技术工人或农民时,其家庭的人均家用汽车的价值最低,仅为 4510 元,约为单位或部门负责人家庭的 18%。

2018 年,当户主是单位或部门负责人时,其家庭的人均家用汽车的价值最高,达到了 31954 元。当户主是专业技术人员时,其家庭的人均家用汽车的价值大幅低于单位或部门负责人。除此之外,人均家用汽车的价值从高到低分别是个体户主或私营业主、办事人员和技术工人时,其家庭的人均家用汽车的价值在 16000—19000 元。当户主是非技术工人或农民时,其家庭的人均家用汽车的价值最低,仅为 5960 元,约为单位或部门负责人家庭的 19%。

第四节　家庭汽车消费与信贷

一、家庭汽车消费的经济和政策趋势

改革开放以来,我国的城镇化水平逐年提高。以常住人口为统计口径,城镇化率从改革开放初期的 17.92% 跃升到 2019 年的 60.60%。城镇化水平的提高意味着越来越多的人口在城镇地区定居,带来了人力资源、资金、信息的聚集。交通基础设施、公共服务等功能也不断完善,汽车的普及程度也在增加;但是,与发达国家相比还存在不小的差距。

近年来,我国鼓励汽车消费的新规陆续推出,与环保趋严政策并存。2018 年,我国关于汽车行业新出台的政策包括新能源双积分政策、车辆购置税恢复、新能源车辆免购置税、贷款买车首付低至 15%、电子车票逐步推行、新能源补贴政策变化、二手车迁入手续简化等。另外,自 2018 年 1 月 1 日起,1.6L 及以下排量汽车按 10% 的法定税率征收车辆购置。自 2018 年 1 月 1 日起,新能源汽车免征车辆购置税。在汽车消费信贷政策方面,2017 年 11 月,中国人民银行、中国银监会发布《关于调整汽车贷款有关政策的通知》,要求落实国务院调整经济结构的政策,释放多元化消费潜

力,推动绿色环保产业经济发展,提升汽车消费信贷供给效率,调整汽车贷款政策,具体调整内容为:自用传统动力汽车贷款最高发放比例为80%,商用传统动力汽车贷款最高发放比例为70%;自用新能源汽车贷款最高发放比例为85%,商用新能源汽车贷款最高发放比例为75%;二手车贷款最高发放比例为70%。另外,全面取消二手车限迁政策被列入2018年《政府工作报告》,指出"增强消费对经济发展的基础性作用。推进消费升级,发展消费新业态新模式。将新能源汽车车辆购置税优惠政策再延长三年,全面取消二手车限迁政策"[①]。

新能源汽车是能源结构升级的必要途径。根据《中国新能源乘用车市场发展趋势研究报告》,到2021年,新能源汽车市场进入快速发展期,到2030年,新能源汽车价格将比燃油汽车更有优势,市场将呈现平分格局。随着行业政策导向、新能源车成本下降、续航能力提升及充电设施的不断完善,到2030年,新能源车与燃油车将平分市场,各占50%的市场份额。随着电池单位造价的下降及能量密度的提升,2030年电池成本将不到现在的30%。另外,随着新能源车在驾驶体验及乘坐舒适性逐步优于燃油车,新能源车的续航里程达到500km以上,新能源车的竞争力有望超越燃油车。政府对公共充电桩的建设也给予了大力支持,新能源车与充电桩的比例逐渐均衡。

在消费需求上,新能源车用户对车型的关注呈现不同的需求梯度:新能源车用户普遍关注续航里程、充电时间与政策福利,入门级新能源车用户更在意产品性价比,豪华级用户更强调

---

① 李克强:《政府工作报告——2018年3月5日在第十三届全国人民代表大会第二次会议上》,人民出版社2018年版,第32页。

品牌和科技度。

二、家庭汽车拥有总体情况

随着居民收入的提升,以及"汽车下乡"等各项汽车消费促进政策的推行,我国城乡居民家庭汽车拥有量逐年提高,汽车逐渐进入寻常百姓家,变得更加普及。根据国家统计局数据(见图5-1),2017—2019 年,全国被调查家庭每百户汽车拥有量分别为 29.7 辆、33 辆和 35.3 辆,其中城镇家庭每百户汽车拥有量分别为 37.5 辆、41 辆和 43.2 辆,农村地区家庭每百户汽车拥有量分别为 19.3 辆、22.3 辆和 24.7 辆。汽车在城镇家庭相较于农村家庭更为普及,城镇家庭汽车拥有量相当于农村的 2 倍左右。分地区看,经济发达的省份家庭汽车拥有率相对较高,如北京、上海、浙江等。

（单位：辆）

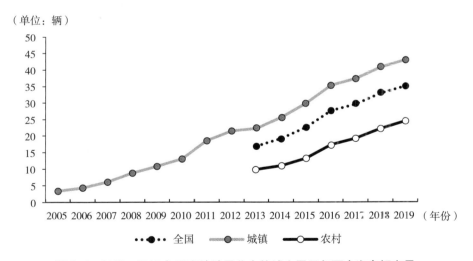

图 5-1　2005—2019 年国家统计局公布的城乡居民每百户汽车拥有量

此外,一些家庭不仅有一辆汽车。根据表5-12,调查中有 1% 左右的家庭自有汽车数量大于或等于 2 辆,其中,城镇这一比重显著高于农村地区。具体来看,2018 年,调查中有 0.84% 的家庭自有汽车数量大于或等于 2 辆,其中,城镇这一比重为 1.22%,农村这一比重较低,仅为 0.29%。

表 5-12 2016—2018 年家庭汽车拥有情况   (单位:%)

动产种类	总体	城镇	农村
2016 年			
平均每百户家庭汽车拥有量	26.30	33.30	16.30
家庭汽车数量≥2 辆	1.82	2.22	1.25
2017 年			
平均每百户家庭汽车拥有量	33.19	42.37	20.90
家庭汽车数量≥2 辆	1.22	1.38	0.99
平均每百户家庭新能源汽车拥有量	1.69	1.99	1.26
2018 年			
平均每百户家庭汽车拥有量	39.50	52.00	24.00
家庭汽车数量≥2 辆	0.84	1.22	0.29

另外,随着近年来国家对新能源汽车支持政策的大力推行,新能源汽车也拥有一定的占有率,但与普通燃油汽车相比,普及率仍然很低。2016 年,全国被调查家庭新能源汽车每百户的拥有量为 2 辆,其中,城镇地区为 2.1 辆,农村地区为 1.9 辆。2017 年,全国被调查家庭平均每百户家庭新能源汽车拥有量为 1.69 辆,其中,城镇地区为 1.99 辆,农村地区为 1.26 辆。

三、家庭汽车购买和信贷意愿

2016 年开始,调查增加了未来三年购车意愿问题。根据表 5-13,2016—2018 年,从购买意愿看,各年均有超过 6% 的被调查家庭明确回答会在未来三年考虑买车,说明汽车消费仍然可以成为热点消费领域。从城乡和地区结构看,城镇地区家庭购车意愿明显高于农村地区,购车意愿在东部地区、中部地区和西部地区家庭之间呈现递减的趋势。这表明居民的购买力仍然是汽车消费的主要影响因素。

表 5-13　2016—2018 年未来三年考虑买车的家庭描述统计 （单位:%）

区域	是	否
2016 年		
全国	10.60	89.40
城镇	12.84	87.16
农村	7.40	92.60
2017 年		
全国	8.54	91.46
城镇	9.70	90.30
农村	6.89	93.11
2018 年		
全国	6.83	93.17
城镇	7.20	92.80
农村	6.28	93.72

具体来看,2016 年,有 10.6% 的被调查家庭在未来三年考虑买车。2017 年,有 8.54% 的被调查家庭在未来三年考虑买车,城镇地区购车意愿为 12.84%,而农村地区只有 7.4%。2018 年,有 6.83% 的被调查家庭明确回答会在未来三年考虑买车,城镇地区有意愿购车的比重为 7.20%,农村地区有意愿购车的比重为 6.28%。

购买汽车可以使用自有资金,也可以通过信贷拆借等方式。从表 5-14 可见,家庭汽车消费信贷普及程度不高。

表 5-14　2015 年未来五年是否有意愿使用贷款购车的家庭描述统计

（单位:%）

分组	是	否
所在区域		
全国	14.42	85.58
城镇	17.07	82.93
农村	10.67	89.33
户主年龄		
30 岁以下	20.16	79.84
30—40 岁以下	16.88	83.12
40—50 岁以下	15.97	84.03
50—60 岁以下	11.64	88.36
60 岁及以上	5.20	94.80
户主就业单位		
党政机关	16.19	83.81
事业单位	19.67	80.33
国有及控股企业	12.54	87.46
集体企业	14.86	85.14
中外合资企业	22.44	77.56
个体	18.61	81.39
私营企业	16.73	83.27
土地承包者	8.79	91.21
其他	13.32	86.68
户主职业类型		
私营业主、个体户户主	19.82	80.18
专业技术人员	18.19	81.81
单位负责人	20.28	79.72
部门负责人	18.63	81.37
办事人员	18.93	81.07
技术工种	16.44	83.56
非技术工种	12.29	87.71
务农	9.50	90.50
其他劳动者	13.94	86.06

续表

分组	是	否
户主受教育程度		
小学及以下	10.37	89.63
初中	14.37	85.63
高中(中专、职高)	16.01	83.99
大专	17.78	82.22
本科及以上	19.81	80.19

　　具体来看,2015 年,一部分拥有汽车的家庭采用贷款的方式来购置,但是规模不高,仅占拥有汽车家庭的 18%,占全部被调查家庭的 6.5%。绝大多数家庭的购车没有使用贷款。由于信贷模式和信贷管理等方面还需要完善,信贷支持力度不够,特别是获得汽车贷款需要满足家庭收入、职业、资产等限制条件,而且汽车消费贷款的观念还没有深入人心,导致贷款购车的情况并不普遍。贷款购车的家庭也多集中在城镇地区。另外,只有 14.42%的被调查家庭未来五年内考虑使用贷款来购买汽车。城镇地区家庭使用贷款购车的意愿高于农村地区家庭,差异显著。从家庭特征看,年轻户主相对于高年龄组户主更接受贷款购车,户主受教育程度越高,有意愿使用贷款购车的比例也在提高。户主在党政机关、事业单位、国有控股企业、中外合资企业就业的,贷款购车意愿相对高于其他组别。户主的职业是单位或部门负责人、私营业主、专业技术人员、办事人员的,认同贷款购车的比例比其他组别也高。

　　根据表 5-15,2016—2018 年,未来三年有意愿使用贷款购车的家庭比重也不高。在有意愿购车的家庭中,全国各年均只有低于 15%的家庭有意愿使用贷款购车。城镇家庭有意愿使用贷款购车的比例高于农村家庭。

表 5-15　2016—2018 年未来三年是否有意愿使用贷款购车的家庭描述统计

（单位：%）

区域	是	否
2016 年		
全国	11.38	88.62
城镇	12.98	87.02
农村	9.16	90.84
2017 年		
全国	7.50	92.50
城镇	9.16	90.84
农村	5.26	94.74
2018 年		
全国	10.34	89.66
城镇	10.83	89.17
农村	9.59	90.41

　　具体来看，在有意愿购车的家庭中，2017 年，有 7.5% 的家庭有意愿使用贷款购车。2018 年，全国仅有 10.34% 的家庭有意愿使用贷款购车，城镇家庭有意愿使用贷款购车的比例高于农村家庭，分别为 10.83% 和 9.59%。

　　考虑贷款购车的家庭多集中在城镇地区。这些地区经济较发达，金融机构的信贷服务较为普及，居民收入较高，而且对信贷较为接受。

　　被调查家庭不仅仅使用信贷方式购买汽车的意愿较低，更进一步，他们将自有汽车住房抵押贷款用以满足其他消费需求的意愿更低。2016 年，有 1.79% 的被调查家庭未来三年有意愿将其自有汽车作为住房抵押获得贷款。2018 年，仅有 0.42% 的被调查家庭未来三年有意愿将其自有汽车作为住房抵押获得贷款，城镇家庭略高于农村家庭，分别为 0.49% 和 0.31%。

信贷是平滑消费的重要方式,有助于满足自身资金不足时的消费需求。从贷款购车意愿以及将汽车作为住房抵押获得贷款的意愿都比较低来看,我国汽车消费信贷仍然具有较大的发展空间。

四、对新能源汽车购买和使用的意愿

自 2016 年开始,调查也开始询问居民家庭新能源汽车拥有和购买意向。根据表 5-16,从调查数据看,有意愿或者已经购买新能源汽车的家庭比重较低,全国各年均不到 5%,城镇家庭略高于农村家庭,但两者在统计上不显著。

表 5-16　2016—2018 年是否有意愿或者已经购买新能源汽车的家庭描述统计

(单位:%)

区域	是	否
2016 年		
全国	4.85	95.15
城镇	5.08	94.92
农村	4.52	95.48
2017 年		
全国	3.30	96.70
城镇	3.58	96.42
农村	2.90	97.10
2018 年		
全国	3.60	96.40
城镇	3.43	96.57
农村	3.85	96.15

具体来看,2016 年,有意愿购买新能源汽车的比例仅有 4.85%,其中城镇家庭为 5.08%,农村家庭仅为 4.52%。2017 年,有意愿购买新能源汽车的比例仅有 3.3%,其中城镇家庭为 3.58%,农村家庭仅为 2.9%。2018 年有意愿或者已经购买新能源汽车的家

庭,全国仅有 3.6%,城镇家庭和农村家庭分别是 3.43% 和
3.85%。这说明新能源汽车的推进和发展仍然有较长的路程要
走,未来新能源汽车有较大发展前景。

根据表 5-17,从调查数据看,2016—2018 年,全国层面上,从考
虑购买或者已经购买新能源汽车的原因来看,各年居前四位的原因
均包含政府补贴高、节能环保、行驶不限号、方便上牌等,选择运行
平稳、噪声低等原因的比重均不高。分城乡看,有意愿或实际购买
新能源汽车的主要原因与全国层面没有差别,但是,政府补贴高在
农村地区显得更为重要,方便上牌在城镇地区表现得更为重要。

表 5-17　考虑或者已经购买新能源汽车的原因　　　（单位:%）

分组	全国	城镇	农村
2016 年			
政府补贴高	22.24	23.13	21.16
方便上牌	9.82	12.69	6.34
行驶不限号	5.87	7.74	3.60
节能环保	33.46	33.83	33.01
充电充气成本低	5.29	3.89	6.99
保养费用低	5.53	5.14	5.99
运行平稳	1.72	1.81	1.61
噪声低	1.49	2.18	0.67
其他	14.58	9.58	20.62
2017 年			
政府补贴高	22.12	17.09	29.69
方便上牌	14.35	14.02	14.84
行驶不限号	9.58	9.82	9.21
节能环保	29.72	35.51	21.00
充电充气成本低	6.88	6.58	7.33
保养费用低	6.33	5.05	8.26

续表

分组	全国	城镇	农村
运行平稳	6.20	7.97	3.53
噪声低	1.77	1.75	1.81
其他	3.05	2.21	4.32
2018 年			
政府补贴高	37.17	36.20	38.81
方便上牌	8.31	9.92	5.61
行驶不限号	10.02	9.84	10.31
节能环保	32.66	31.98	33.80
充电充气成本低	4.83	4.54	5.32
保养费用低	2.52	2.16	3.13
运行平稳	1.55	1.84	1.06
噪声低	1.95	2.37	1.24
其他	1.00	1.16	0.72

　　具体来看,选择新能源汽车的主要原因,2016 年,第一是节能环保,占 33.46%;第二是政府补贴高,占 22.24%;第三是其他,占 14.58%;第四是方便上牌,占 9.82%。2017 年,第一是节能环保,占 29.72%;第二是政府补贴高,占 22.12%;第三是方便上牌,占 14.35%;第四是行驶不限号,占 9.58%。2018 年,居前四位的原因分别是政府补贴高、节能环保、行驶不限号、方便上牌,比重分别为 37.17%、32.66%、10.02%和 8.31%。

　　这些结论说明,居民的节能环保意识促使了新能源汽车的消费。政策因素尤其是政府补贴高、牌照优先政策、不限行等也是促使家庭选择新能源汽车的主要因素。

　　从另一角度看,在全国层面,根据表 5-18,阻碍考虑或者购买新能源汽车的主要原因,各年居前几位的包含价格高、续航能力差、充电充气慢、充电充气装置少等。其中,选择价格高这一限制原因的比重连续三年都超过 40%,选择续航能力差的比例连续三年都超过了 15%。而电池寿命短、汽车使用寿命短、运行不平稳等不是阻碍民众购买新能源汽车的主要原因,比重都比较低。分城镇和农村看,阻碍购买新能源汽车的主要原因位次没有改变。

表 5-18　2016—2018 年不考虑或者不购买新能源汽车的原因　（单位:%）

分组	全国	城镇	农村
2016 年			
价格高	42.20	38.16	47.98
续航能力差	15.68	18.68	11.41
充电充气慢	6.96	7.85	5.68
充电充气装置少	9.61	10.92	7.74
充电充气价格高	2.62	2.43	2.9
电池寿命短	4.05	4.56	3.33
汽车使用寿命短	4.54	4.77	4.21
运行不平稳	2.66	3.08	2.06
其他	11.66	9.53	14.71
2017 年			
价格高	45.05	36.71	57.06
续航能力差	20.65	25.58	13.55
充电充气慢	9.00	11.02	6.11
充电充气装置少	9.67	11.26	7.38
充电充气价格高	3.09	3.04	3.16
电池寿命短	2.98	3.41	2.36
汽车使用寿命短	3.79	3.78	3.81
运行不平稳	2.69	2.43	3.06
其他	3.07	2.77	3.50
2018 年			
价格高	40.47	33.82	50.51
续航能力差	23.67	28.26	16.73
充电充气慢	11.19	11.57	10.63
充电充气装置少	9.67	10.69	8.14

续表

分组	全国	城镇	农村
充电充气价格高	2.91	2.93	2.88
电池寿命短	3.28	3.19	3.42
汽车使用寿命短	4.40	4.91	3.64
运行不平稳	2.84	3.08	2.47
其他	1.57	1.56	1.58

具体来看,不选择新能源汽车的原因中,2016 年,第一是价格高,占 42.2%;第二是续航能力差,占 15.68%;第三是其他,占 11.66%;第四是充电充气装置少,占 9.61%。2017 年,第一是价格高,占 45.05%;第二是续航能力差,占 20.65%;第三是充电充气装置少,占 9.67%;第四是充电充气慢,占 9%。2018 年,居前四位的分别是价格高、续航能力差、充电充气慢、充电充气装置少,比重分别是 40.47%、23.67%、11.19% 和 9.67%。

这些结论说明,要想提高新能源汽车的普及程度,需要进一步降低价格、提高续航能力、加大充电充气配套设施的建设以及新能源技术创新。

综合考虑促进购买和阻碍购买新能源汽车的原因,可以得出以下启发。推进新能源汽车的普及时,仍然应当需要借助补贴等方式,发挥价格信号作用。同时要强调新能源汽车的节能环保特征,引发公共的环保意识,进而考虑购买新能源汽车。而不限号、优先上牌照等新能源汽车使用便利倾向性政策,也有助于新能源汽车市场占有量的提高。相关科研机构和汽车企业也应当加强研发、推进技术进步,降低新能源汽车较高的价格,提高新能源汽车的续航能力。同时,也应当进一步普及新能源汽车充电充气设施,增加充电桩。

五、汽车消费和信贷政策建议

中国城乡家庭汽车拥有率还不高,农村地区更低。汽车产业具有较大的发展空间和发展前景,而且汽车是支撑国内消费增长的支柱之一,应通过完善配套制度,进一步鼓励城乡汽车特别是新能源汽车的消费和信贷,提高汽车营销和服务水平,努力开拓农村汽车市场等。

在各种制约因素中,汽车金融市场的不成熟是影响汽车消费的一个重要"瓶颈"。汽车金融可以解决消费者当期支付能力不足的问题,降低资金运用的机会成本。目前我国汽车信贷消费的比例较低,家庭有意愿使用贷款购车的比例更低,与发达国家相比有较大的差距。这就需要政府部门制定相关政策,加大对金融部门汽车信贷的支持力度,创造良好的政策和制度环境,发展汽车金融市场,创新担保方式,简化信贷手续,完善个人征信管理和风险控制,鼓励金融机构开展汽车消费信贷业务,引导居民使用汽车信贷。

目前,新能源汽车的普及水平还比较低。家庭选择新能源汽车的主要原因集中在政府补贴高、节能环保、方便上牌等方面,而不选择新能源汽车的主要原因集中在汽车价格高、续航能力差等方面。政策因素尤其是政府补贴高、牌照优先政策等仍然是促使家庭选择新能源汽车的主要因素。而要想提高新能源汽车的普及程度,需要进一步降低价格、提高续航能力、加大充电充气配套设施的建设,保持政府补贴和牌照优先政策的稳定性。

第六章　生产经营性资产

"大众创业、万众创新"的口号在 2014 年被提出,为激发全社会创新潜能和创业活力、扩大就业、实现富民之道,2015 年国务院出台了《国务院关于大力推进大众创业万众创新若干政策措施的意见》,明确提出了优化财税的政策,包括"加大财政资金支持和统筹力度、完善普惠性税收措施、发挥政府采购支持作用"。双创政策的提出以及相应的优惠政策,在一定程度上推动了创业的发展。本部分针对生产经营性资产的分析将会体现出生产创业群体的分布特征。

第一节　生产经营性资产的城乡差异

一、2018 年生产经营性资产的城乡差异

生产经营性资产包括农业生产经营性固定资产、非农业生产经营性固定资产和生产经营性流动资产。农业生产经营性资产在农村居民中家庭人均为 1668 元。城镇居民则主要体现在非农业

生产经营性固定资产上,家庭人均达到了 11943 元,是农村居民家庭人均值的 6.63 倍(见表 6-1)。生产经营性流动资产同样是城镇居民家庭的人均值比较高。从城乡之间的对比可以看出,非农业生产经营集中在城镇地区。无论这些非农业生产经营是由农业户籍人口经营的,还是由非农业户籍人口经营的,非农业生产经营的地区或者是场所都是在城镇地区。这在一定程度上意味着,城镇化与促进非农业生产经营是密切联系的,推动城镇化有助于非农业生产经营的发展。从非农业生产经营的城乡分布来看,"大众创业、万众创新"在城镇地区可能更具有发展优势。同时值得注意的是,城镇地区的生产经营活动需要更高的固定资产和流动资产,对在城镇地区投资生产的经营者的资金规模提出了更高要求。

表 6-1　2018 年按城乡分人均生产经营性资产　　　　(单位:元)

资产类别	全国	城镇	农村
农业生产经营性固定资产	683	—	1668
非农业生产经营性固定资产	7789	11943	1801
生产经营性流动资产	6704	9090	3264

从流动性资产和固定性资产的比较来看,城乡之间在生产经营性固定资产上的差异大于生产经营性流动资产上的差异。相对而言,城镇地区的生产经营需要更多的固定资产,而农村地区的生产经营需要更多的流动资产。这可以反映出,农村的生产经营需要相对较高的流动性。当农业生产经营的流动资金受到不利冲击时,农业生产经营活动更容易受到影响。

二、生产经营性资产城乡差异的变动趋势

从 2015—2018 年的变动趋势来看,城镇居民家庭的非农业生

产经营性固定资产和生产经营性流动资产呈现出先上升后下降的趋势(见表6-2)。相比于2017年,城镇居民家庭的非农业生产经营性固定资产和流动性资产都有了较大幅度的下降。农村居民家庭的农业生产经营性固定资产和非农业生产经营性固定资产也呈现出先上升后下降的趋势,2018年比2017年有较大幅度的下降。但是,农村居民家庭的生产经营性流动资产并没有下降,只是增长幅度略有下降。基于城乡居民家庭在生产经营性流动资产上变化的差异,固定资产占比也出现了较大变化。2015—2017年,城镇居民家庭的生产经营性资产中固定资产的占比一直低于农村居民家庭,城镇居民家庭在生产经营过程中对流动性有比较高的要求。然而,2018年却与此相反,城镇居民家庭中固定资产的占比甚至略高于农村居民家庭,相比较而言,农村居民家庭对流动性的需求反而更高。从固定资产占比的数值来看,无论是城镇居民家庭还是农村居民家庭,其生产经营活动中固定资产所占比例都比之前出现了较大幅度的下降。由此可见,虽然2018年农村居民家庭生产经营过程中所需要的流动性高于城镇,但是相比之前年份,农村和城镇居民家庭对流动性的要求都有了较大幅度的提高。

表6-2　2015—2018年城乡人均生产经营性资产差异　　(单位:元)

资产类别	2015 年		2016 年		2017 年		2018 年	
	城镇	农村	城镇	农村	城镇	农村	城镇	农村
农业生产经营性固定资产	—	1632	—	3404	—	4670	—	1668
非农业生产经营性固定资产	10694	1449	20115	2305	19500	2639	11943	1801
生产经营性流动资产	4511	805	12028	1840	12868	2772	9090	3264

第二节 不同人群在生产经营性资产上的差异

一、收入、户主特征与生产经营性资产差异

第一,不同收入等分组之间生产经营性资产的差异。根据家庭人均收入分组来看,随着收入水平的提高,家庭人均的农业生产经营性固定资产逐渐降低(见表6-3)。这表明,农业生产经营主要集中在低收入组中,高收入组中从事农业生产经营性活动的家庭相对较少。随着收入水平的提高,从事农业生产的家庭变少;与此同时,农村居民更多地处于最低三等分收入组之中。这在一定程度上说明,推动农民收入水平提高,单单依靠农业生产经营是不够的,要持续促进农业人口转移,从事非农业生产,进而推动农业人口收入提高。

表6-3 2018年人均收入与人均生产经营性资产的分布 (单位:元)

资产类别	最低三等分组	中间三等分组	最高三等分组
农业生产经营性固定资产	956	882	226
非农业生产经营性固定资产	4145	10468	8798
生产经营性流动资产	3261	7228	9574

人均非农业生产经营性固定资产和生产经营性流动资产与农业生产经营性固定资产的趋势不同。就非农业生产经营性固定资产而言,虽然中间三等分收入组和最高三等分收入组的非农业生产经营性固定资产都高于最低三等分收入组,但是根据表6-3可知,中间三等分收入组的非农业生产经营性固定资产最高。这在一个侧面反映出,中间三等分收入组从事的非农业生产经营活动更可能

是中小企业,他们还难以达到高收入的水平。就生产经营性流动资产而言,随着收入水平的提高,生产经营性流动资产的规模也持续提高。

第二,不同年龄组之间在生产经营性资产上的差异。以户主年龄进行分类,发现农业生产经营性固定资产和非农业生产经营性固定资产随着年龄的变化表现出不同的趋势(见表6-4)。家庭人均农业生产经营性固定资产随着年龄的提高呈现出先升后降的趋势,40—50岁群体的农业生产经营性固定资产最高。尽管非农业生产经营性固定资产和生产经营性流动资产的趋势也呈现先上升后下降的趋势,但是与农业生产经营性固定资产不同的是,30—40岁群体的非农业生产经营性固定资产和生产经营性流动资产的持有量最高。农业生产经营性固定资产最高的年龄组与非农业生产经营性固定资产最高的年龄组的差异,可以反映出,从事农业生产和非农业生产的群体差异。从事农业生产经营的群体主要是40—50岁的群体,年龄越小的群体从事农业生产经营活动的人越少。50—60岁和60岁以上群体的农业生产经营性固定资产也高于40岁以下群体的。这也在一定程度上反映出,从事农业生产经营性活动的主体是40岁以上的群体,农业生产体现出偏老龄化的特征。这与我国农村的生产特征相一致,年轻的农业户籍人口外出打工就业,主要从事非农业生产活动,留在农村从事农业生产经营活动的则主要是年龄较大的群体。

表6-4 2018年户主年龄与人均生产经营性资产 （单位:元）

资产类别	30岁以下	30—40岁以下	40—50岁以下	50—60岁以下	60岁及以上
农业生产经营性固定资产	529	581	858	687	600
非农业生产经营性固定资产	1564	13613	8276	6419	5155
生产经营性流动资产	3838	9314	7773	6785	3887

就非农业生产经营性固定资产而言,30—40岁群体的非农业生产性固定资产最高。30岁以下群体持有的非农业生产经营性固定资产最低,其次是60岁及以上群体的。这说明,从事非农业生产经营需要一定的资本积累、社会经验和创造性。刚步入劳动力市场的30岁以下的群体,其社会经验相对缺乏,而且没有一定的积累,对市场运行等方面的了解依然比较欠缺,这个年龄阶段更重要的是在积累人力资本和社会资本,为将来可能开创自己的生产经营活动做准备。相比于30—40岁群体,40—50岁群体的非农业生产经营性固定资产大幅下降;50岁以上群体中随着年龄的增长,其非农业生产经营性固定资产下降的幅度则相对较缓。通过年龄之间非农业生产经营性固定资产的比较可以在一定程度上反映出,创业比较积极和活跃的是30—40岁的群体。

第三,户主的受教育水平与生产经营性资产之间的关系。当户主的受教育水平不同时,其家庭生产经营性资产的分布也表现出不同的特征(见表6-5)。就农业生产经营性固定资产而言,随着户主受教育水平的提高,家庭人均农业生产经营性固定资产则不断下降。也就是说,户主学历越高,其所在家庭从事农业的情况也越少。从事农业生产经营群体的受教育水平普遍偏低,处于小学及以下的受教育水平。同时,值得注意的是,随着我国义务教育的普及,农村居民的受教育水平逐步提高,处于小学及以下水平受教育的农业人口更多的是年龄比较高的群体。这与前文关于年龄的分析相一致,从事农业生产的是年龄比较大的群体,该群体并没有赶上我国的义务教育普及,其受教育水平相对更低。

表 6-5　2018 年户主受教育水平与人均生产经营性资产 （单位:元）

资产类别	小学及以下	初中	高中/高职/中专	大专	大学及以上
农业生产经营性固定资产	870	775	604	113	38
非农业生产经营性固定资产	5377	10198	12134	2215	1005
生产经营性流动资产	4584	8426	10034	2820	3531

　　非农业生产经营性固定资产所集中的受教育群体与农业生产经营性固定资产的趋势存在很大不同。随着户主受教育水平的提高,非农业生产经营性固定资产表现为先上升后下降的趋势。在户主的受教育水平从小学及以下到初中的变化过程中,其家庭的人均非农业生产经营性固定资产大幅提高;户主的受教育水平为初中、高中时,家庭的人均非农业生产经营性固定资产基本相当;当户主的受教育水平为大专、大学及以上时,其家庭的人均非农业生产经营性固定资产则低于户主是初中、高中的水平。这在一定程度上反映出,初中、高中群体是从事非农业生产经营性的主要群体。大专、大学及以上群体更可能成为雇员,以专业技术人员等方式在劳动力市场上从事就业。

　　第四,户主就业身份与生产经营性资产的关系。生产经营性资产主要集中于雇主和自营劳动者所在的家庭,当户主是雇员时,其家庭的人均生产经营性资产最低(见表 6-6)。无论是雇主还是自营劳动者的家庭,都以非农业生产经营性固定资产为主。单就农业生产经营性固定资产而言,当户主是自营劳动者时,其所在家庭持有的农业生产经营性固定资产最高;当户主是雇主时,其所在家庭持有的农业生产经营性固定资产则相对比较低。这在一定程度上说明,我国农业生产依然是家庭式的小农生产方式,以雇主身份呈现的大规模的农业生产则相对较少,我国农业的规模化生产有待进一步的发展。

表6-6　2018年户主就业身份与人均生产经营性资产　　（单位:元）

资产类别	雇主	雇员	自营劳动者	其他
农业生产经营性固定资产	552	241	1599	916
非农业生产经营性固定资产	8268	1993	19287	703
生产经营性流动资产	15857	2256	15466	1764

就非农业生产经营而言,当户主是自营劳动者和雇主时,其所在家庭的人均非农业生产经营性固定资产、生产经营性流动资产都比较高。当户主是雇员时,其家庭所持有的人均非农业生产经营性固定资产大幅低于户主是自营劳动者和雇主的家庭。在这种情况下,也从一个角度反映出,我国居民家庭成员的就业身份具有比较高的同质性。当户主是雇员时,其家庭成员是雇员的可能性也比较高,家庭中从事生产经营的人员比较少,进而持有的生产经营性资产也比较少。

第五,户主的工作单位所有制性质与其家庭人均生产经营性资产。从户主工作单位所有制性质来看,当户主工作单位是个体私营企业时,其家庭的人均非农业生产经营性固定资产最高,同时生产经营性流动资产也最高(见表6-7)。土地承包者家庭则主要体现在人均农业生产经营性固定资产上,其非农业生产经营性固定资产尽管大幅低于户主是个体私营企业时的人均水平,但是比其他家庭的人均水平要高。土地承包者在进行农业生产的同时也进行了一些非农业的生产经营活动。这与前文关于年龄与农业生产经营性固定资产的分析相一致。当户主是土地承包者时,其家庭中年龄较大的群体更倾向于进行农业生产,年龄较小的群体更可能外出打工。与此同时,根据已有关于农民工的调查可知,农民工中从事自我经营的群体占50%左右。这与表6-7中显示的结果一致,户主是土地承包者的家庭中,有部分外出务工的农民工,他们中的相当一部分成为自营劳动者,从而使土地承包者家庭持有较高的非农业生产经营性固定资产。

表6-7　2018年户主单位所有制与人均生产经营性资产　（单位:元）

资产类别	机关事业单位	国有企业	集体企业	外资企业	个体私营企业	土地承包者
农业生产经营性固定资产	45	54	218	97	532	2202
非农业生产经营性固定资产	2171	1257	1167	403	12257	4661
生产经营性流动资产	2163	1287	1326	689	10336	4275

　　就农业生产经营性固定资产的持有规模来看,当户主是个体私营企业、土地承包者时,其所在家庭人均持有的农业生产性经营固定资产比较高。然而,相比于土地承包者而言,当户主所在单位是个体私营企业时,其家庭所持有的农业生产经营性固定资产则远低于土地承包者家庭的人均持有量。这也从侧面反映出,我国农业生产依然是以土地承包者为主,以家庭农业生产为主;以个体私营企业进行的农业生产相对比较小,规模化生产可能受到一定的影响。我国依然需要继续改变农业的生产方式。

　　第六,户主从事的职业种类与家庭人均生产经营性资产的分布。从户主从事的职业种类来看,更加凸显了生产经营性资产分布的特征。非农业生产经营性固定资产集中在户主职业是个体户主或私营业主的家庭中,农业生产经营性固定资产则集中体现在户主职业是非技术工人或农民的家庭中（见表6-8）。当户主职业是专业技术人员、单位或部门负责人、办事人员和技术工人时,其所在家庭的人均生产经营性资产则比较低。

表6-8 2018年户主职业与人均生产经营性资产   （单位:元）

资产类别	个体户主或私营业主	专业技术人员	单位或部门负责人	办事人员	技术工人	非技术工人或农民
农业生产经营性固定资产	895	136	143	91	215	1471
非农业生产经营性固定资产	33018	252	861	1223	1288	3394
生产经营性流动资产	28357	1126	1350	1500	1599	3300

综合来看,户主的就业身份、户主所在单位的所有制性质和户主职业种类与家庭人均生产经营性资产分布的特征在一定程度上体现出,我国居民家庭成员的就业方式具有较强的同质性。根据表6-7可知,当户主所在单位的所有制性质是机关事业单位、国有企业、集体企业和外资企业时,其家庭人均的生产经营性固定资产和流动资产都非常低,这意味着其家庭成员从事生产经营性活动的可能性都比较小。根据表6-8可知,当户主职业是专业技术人员、单位或部门负责人、办事人员或技术工人时,其家庭人均的生产经营性固定资产和流动资产也都非常低。这与前文关于户主就业身份与生产经营性资本分布的特征相一致。

二、不同人群组生产经营性资产差异的变动

表6-9显示了将家庭按照人均收入分成三等分时,生产经营性资产的变化趋势。就农业生产经营性固定资产来看,随着家庭人均收入水平的提高,农业生产经营性固定资产逐渐降低。家庭人均收入越高的家庭,则更少地从事农业生产,或者说,从事农业生产经营的家庭主要集中在最低三等分收入组中。就非农业生产经营性固定资产而言,随着家庭人均收入水平的提高,非农业生产经营性固定资产也在提高。生产经营性流动资产与非农业生产经营性固定资产的变动趋势一致。

表 6-9 2016—2018 年各收入组的生产经营性资产 〔单位:元〕

收入分组	农业生产经营性固定资产	非农业生产经营性固定资产	生产经营性流动资产
2016 年			
最低三等分组	2634	9328	5171
中间三等分组	1246	12803	7927
最高三等分组	427	15351	9988
2017 年			
最低三等分组	3648	4940	3101
中间三等分组	1227	13786	7754
最高三等分组	1083	18025	14469
2018 年			
最低三等分组	956	4145	3261
中间三等分组	882	10468	7228
最高三等分组	226	8798	9574

综合 2016—2018 年的变动趋势来看,最低三等分收入组的非农业生产经营性固定资产持续下降;其生产经营性流动资产先大幅下降,然后有一个小幅上升。中间三等分收入组非农业生产经营性固定资产呈现出先上升再下降的趋势;流动性资产表现为不断下降。最高三等分收入组的非农业生产经营性资产和流动性资产都呈现先上升后下降的趋势。这种变化趋势的波动,在一定程度上反映出生产经营性活动在不同收入水平之间的波动也比较大。

表 6-10 列出了 2016—2018 年按户主年龄分类时生产经营性资产的分布情况。2016—2018 年,农业生产经营性固定资产都体现为高年龄组较高的状态,这与我国农业生产的情况比较一致。从事农业生产的多为年龄较高的群体,相对年轻的农业户籍人口更多地选择外出打工从事非农就业。非农业生产经营性固定资产则主要集中在 30—50 岁。当户主年龄在 30 岁以下时,其持有的

非农业生产经营性固定资产普遍低于 30—50 岁群体的水平。总体来看,2018 年各年龄组的生产经营性资产都低于 2017 年的水平。比较来看,当户主年龄在 30 岁及以下时,家庭人均生产经营性资产下降的幅度最大。

表 6-10 2016—2018 年户主年龄与生产经营性资产 　　(单位:元)

资产类别	30 岁以下	30—40 岁以下	40—50 岁以下	50—60 岁以下	60 岁及以上
2016 年					
农业生产经营性固定资产	898	1204	1516	1694	1725
非农业生产经营性固定资产	13556	12244	13817	12412	9716
生产经营性流动资产	8627	7748	8609	7309	5273
2017 年					
农业生产经营性固定资产	718	1232	2095	2782	2004
非农业生产经营性固定资产	8731	16657	14711	11826	7430
生产经营性流动资产	7389	10767	10552	8454	4704
2018 年					
农业生产经营性固定资产	529	581	858	687	600
非农业生产经营性固定资产	1564	13613	8276	6419	5155
生产经营性流动资产	3838	9314	7773	6789	3887

表 6-11 显示了 2016—2018 年当户主教育水平不同时,生产经营性资产的分布。2016—2018 年,当户主的受教育水平为小学及以下和初中时,其所在家庭的农业生产经营性固定资产较高。随着户主受教育水平的提高,其家庭所持有的农业生产经营性固定资产也越来越低,这意味着受教育水平较高时,其家庭从事农业生产的则比较少。与农业生产经营性固定资产不同的是,2016—2018 年,当户主的受教育水平为初中、高中时,其所在家庭的人均非农业生产经营性固定资产比较高。户主受教育水平为大专的群体在 2016 年时其非农业生产经营性固定资产也比较高,此后,出

现较大幅度下降。流动资产按户主学历的分布与非农业生产经营性固定资产的一致,同样集中在初中和高中群体之中。

表6-11　2016—2018年户主教育水平与生产经营性资产 (单位:元)

资产类别	小学及以下	初中	高中/高职/中专	大专	大学及以上
2016 年					
农业生产经营性固定资产	2157	1791	876	368	292
非农业生产经营性固定资产	10301	13678	13276	13615	10880
生产经营性流动资产	6266	8008	8552	7631	7041
2017 年					
农业生产经营性固定资产	2612	2412	1228	366	301
非农业生产经营性固定资产	9343	14525	16411	8091	6413
生产经营性流动资产	6782	9119	11391	6999	7400
2018 年					
农业生产经营性固定资产	870	775	604	118	38
非农业生产经营性固定资产	5377	10198	12134	2215	1005
生产经营性流动资产	4584	8426	10034	2820	3531

　　从变化趋势来看,2018年各教育水平的生产经营性资产都有所下降。总体来看,当户主的受教育水平为小学及以下、大专和大学及以上时,家庭人均生产经营性资产下降的幅度比较大;相对而言,当户主的受教育水平为初中和高中时,其家庭人均生产经营性资产下降的幅度比较小。

　　根据前文的分析可知,户主的就业身份与生产经营性资产分布具有较为密切的关系。表6-12显示了2016—2018年按户主就业身份分类的生产经营性资产分布。当户主的就业身份为雇主和自营劳动者时,其所在家庭的人均农业生产经营性固定资产、非农业生产经营性固定资产和流动资产都呈现出较高的水平。从变动趋势来看,2018年就业身份为雇主和自营劳动者的户主,家庭人均生产经营性资产都有一定程度的下降。相比较而言,当户主的就业身份为雇主时,其所在家庭的人均生产经营性资产下降幅度最大,农业生产经营性固定资产、非农业生产经营性固定资产和生产经营性流动资产都有较大幅度的下降。与户主是雇主的情况相比,当户主是自营劳动者时,其家庭人均生产经营性资产下降的幅度比较小。

表 6-12　2016—2018 年户主就业身份与生产经营性资产　（单位:元）

资产类别	雇主	雇员	自营劳动者	其他
2016 年				
农业生产经营性固定资产	1336	352	3848	425
非农业生产经营性固定资产	43771	3194	25430	3972
生产经营性流动资产	25576	1940	15995	2184
2017 年				
农业生产经营性固定资产	1711	587	5124	1433
非农业生产经营性固定资产	47760	3190	28170	4932
生产经营性流动资产	43205	2633	17671	3706
2018 年				
农业生产经营性固定资产	552	241	1599	916
非农业生产经营性固定资产	8268	1993	19287	703
生产经营性流动资产	15857	2256	15466	1764

按户主工作单位所有制进行分类时,当户主所在单位为个体私营企业时,2016—2018 年其家庭人均生产经营性资产最高(见表 6-13)。从 2017—2018 年的下降幅度来看,当户主所在工作单位为机关事业单位、国有企业、集体企业和外资企业时,生产经营性资产下降的幅度比较大;当户主为个体经营企业和土地承包者时,生产经营性资产下降的幅度相对较小。就个体私营企业而言,2017—2018 年,其在农业生产经营性固定资产上的下降幅度达到

了 66.85%，要大于其在非农业生产经营性固定资产和流动性资产上的下降幅度。2017—2018 年，土地承包者的农业生产经营性固定资产有较大幅度下降，但其非农业生产经营性固定资产有小幅上升，流动性资产几乎保持不变。

表 6-13　2016—2018 年户主单位所有制与生产经营性资产　（单位:元）

资产类别	机关事业单位	国有企业	集体企业	外资企业	个体私营企业	土地承包者
2016 年						
农业生产经营性固定资产	425	73	232	188	903	4857
非农业生产经营性固定资产	6556	4912	5069	7383	19094	10062
生产经营性流动资产	4317	1916	2976	2992	11823	6426
2017 年						
农业生产经营性固定资产	404	92	768	123	1605	7187
非农业生产经营性固定资产	7907	7409	6221	10766	21354	3992
生产经营性流动资产	6483	3685	5184	5404	14641	4296
2018 年						
农业生产经营性固定资产	45	54	218	97	532	2202
非农业生产经营性固定资产	2171	1257	1167	403	12257	4661
生产经营性流动资产	2163	1287	1326	689	10336	4275

按户主职业种类进行分类时，2016—2018 年生产经营性资产主要集中在个体户主或私营业主所在的家庭（见表 6-14）。2016—2018 年，办事人员和非技术工人、农民的生产经营性资产一直处于下降趋势。当户主的职业是个体户主或私营业主、专业技术人员、单位或部门负责人、技术工人时，其 2017 年的生产经营性资产高于 2016 年的水平，但 2018 年比 2017 年有所下降。就下降幅度而言，个体户主或私营业主所在家庭的生产经营性资产下降幅度最小。

表 6-14　2016—2018 年户主职业与生产经营性资产　　　（单位：元）

资产类别	个体户主或私营业主	专业技术人员	单位或部门负责人	办事人员	技术工人	非技术工人或农民
2016 年						
农业生产经营性固定资产	1179	562	332	254	606	3248
非农业生产经营性固定资产	42343	7332	7741	4414	4975	8122
生产经营性流动资产	26521	4212	4188	2988	3276	5013
2017 年						
农业生产经营性固定资产	2679	948	272	175	686	3903
非农业生产经营性固定资产	58417	10807	8079	3840	6677	3963
生产经营性流动资产	38588	8846	8088	2476	4404	3247
2018 年						
农业生产经营性固定资产	895	136	143	91	215	1471
非农业生产经营性固定资产	33018	252	861	1223	1288	3394
生产经营性流动资产	28357	1126	1350	1500	1599	3300

第七章　非住房负债

　　我国是一个高储蓄率国家,居民和企业部门的储蓄率都非常高。与储蓄率居高不下相对应的是,中国居民的消费意愿较低。长期存在的高储蓄率和最终消费需求不足已成为中国经济增长的阻碍,经济持续平稳增长缺乏内在动力。根据国民收入恒等式,储蓄用于国内投资或者是国外投资(资本净流出)。2008 年国际金融危机爆发以来,中国的经常账户顺差大幅下降,流向国外的储蓄减少,更多的储蓄转化为国内投资。由于中国的融资体系以债权融资为主,股权融资仅占很小的比例,因此,投资的增加往往表现为负债上升和杠杆率提高。根据国际清算银行的数据,中国的非金融部门总债务占 GDP 的比重由 2008 年的 141% 快速提高到 2017 年的 255%,催生了中国"去杠杆"的压力。然而,从负债的部门构成来看,居民部门和政府部门的负债占 GDP 的比重均在 45% 左右,占比不到债务总规模的一半,而非金融企业部门的债务占比则超过 160%,这意味着居民部门的杠杆率并不高。住房负债是居民部门负债的主要内容,在扣除住房负债后,居民家庭的非住房负债就更加有限。我们调查了居民家庭的总体负债情况,并具体询问了住房负债、购车负债、教育负债、医疗负债、其他家庭生活负债和生产经营负债几类重要的负债项目,其中住房负债已经在第三章"家庭房产"部分做了简要分析,本部分将使用 2015 年至 2018 年的调查数据对居民家庭的非住房负债进行分析。

第一节　非住房负债及其主要构成

一、2018 年非住房负债概况

购车、教育、医疗是居民家庭重要的消费,因此,其负债类型也属于消费负债。生产经营类负债显然不属于消费负债,其负债产生的原因和负债的变化也与消费负债不同,不过为了统一分析居民家庭的负债情况,我们把它放在了非住房负债中,但需要对其进行单独分析。

2018 年,居民家庭人均非住房负债余额为 1347 元。其中,人均生产经营类负债为 171 元(见图 7-1),相对于居民家庭人均非住房负债总额来说,这一数量相对较少,占比也只有 12.69%。

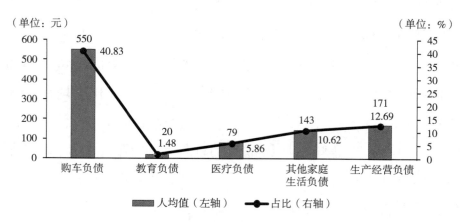

图 7-1　2018 年居民家庭主要的非住房负债类型

在几类重要的消费类负债中,购车负债占绝大多数,人均购车负债达到 550 元,占人均非住房负债的 40.83%。随着居民家庭收入水平的提高,人均汽车拥有量也在上升。根据《2019 年中国统计年鉴》数据,每百户居民家庭拥有的汽车数量逐年上升,从 2013 年的 16.9% 增加到 2018 年的 33%,说明汽车在中国开始逐渐普及。然而,购车负债的多少取决于多种因素,包括汽车支出的大小、居民家庭的支付能力和居民家庭的消费借贷习惯。由于汽车价格在逐年下降,这使得越来越多的居民家庭有能力购买汽车,这也是汽车逐渐普及的重要原因。但是,对于大多数居民家庭而言,汽车仍然属于奢侈品,通过借贷的方式购买汽车的居民家庭比例还较少,调查数据显示,存在购车贷款的家庭只有 2.35%。

医疗负债是另外一个重要的消费负债内容。2018 年居民家庭人均医疗负债为 79 元,占居民家庭非住房负债的 5.86%。因病致贫是贫困的重要原因,因此,医疗负债往往是低收入居民家庭的主要负债类型。数据显示,将居民家庭人均收入分为三等分,低收入家庭的人均医疗负债达到 374 元,而高收入家庭的相应负债数额只有 138 元。随着社会医疗保险的逐渐完善,因病致贫的发生率也会相应下降。

随着居民家庭愈加重视教育,教育消费支出也在逐年上升。根据《2019 年中国统计年鉴》,全国居民人均教育文化娱乐支出从 2013 年的 1397.7 元上升至 2018 年的 2225.7 元。由于中国早已免除义务教育阶段学杂费,教育支出主要来自义务教育阶段的课外辅导支出以及高中和高等教育的学杂费支出。课外辅导支出属于非必需支出,因此,教育负债主要发生在较低收入家庭子女的高中和高等教育支出。家庭财富调查数据显示,2018 年居民家庭人均教育负债为 20 元,仅占家庭非住房负债余额的 1.48%。

其他家庭生活负债的人均值为 143 元,占居民家庭人均非住房负债的 10.61%。

二、居民家庭人均非住房负债构成及其变化

表 7-1 列出了 2015—2018 年居民家庭人均非住房负债及其构成。需要说明的是,2015 年未调查医疗负债,这使得 2015 年的其他家庭生活负债与其他年份不具有可比性。尽管随着经济发展和人民生活水平的提高,无论是消费类支出还是生产经营类支出均可能呈现上升趋势。然而,负债的变化趋势则没有那么明显。正如分析购车负债时所指出的,负债同时取决于支出水平、支出(购买)能力和借贷习惯,此外,部分类型的支出还与不确定性有关,例如医疗负债往往与健康状况有密切联系,只有大病才可能存在较大的医疗负债。此外,经济政策例如消费补贴等消费刺激政策会诱导消费需求进而影响负债水平,医疗保险等社会保障政策也会对医疗负债等不确定性债务类型产生影响。生产经营性负债则与当年的宏观经济形势的关系更为密切。因此,负债及其各构成部分可能并不具有明显的变化趋势。

根据表 7-1 的数据,2015 年,人均非住房负债余额为 2882元,2016 年和 2017 年均有所下降,分别为 2034 元和 1225 元,到 2018 年又有小幅回升。在生产经营性负债方面,2016 年的这一数值是近年来最高的,达到 906 元,随后逐年下降,到 2018 年已经下降至 171 元,其占人均非住房负债的比例也从 2016 年的 44.54%下降至 2018 年的 12.69%。

表 7-1 2015—2018 年居民家庭人均非住房负债构成 (单位:元)

类别	2015 年	2016 年	2017 年	2018 年
购车负债	812	337	441	550
教育负债	334	196	60	20
医疗负债	—	355	154	79
其他家庭生活负债	962	387	154	143
生产经营负债	777	906	262	171
人均非住房负债余额	2882	2034	1225	1347

相对于其他消费类型的负债而言,购车负债在大多数年份均较高,主要是因为购车是居民家庭较为大额的消费支出。人均购车负债在 2015 年达到 812 元,最少的年份 2016 年也有 337 元。然而,在非住房负债的占比方面,2018 年人均购车负债占人均非住房负债的比例最高,为 40.83%,其次是 2017 年,占比为 36%。

人均医疗负债无论是在水平还是占比上均呈下降趋势。2016 年人均医疗负债为 196 元,到 2018 年已经下降为 79 元,相应地,人均医疗负债占人均非住房负债的比例则从 2016 年的 17.45%下降到 2018 年的 5.86%。这可能与医疗保险制度的完善和医疗服务价格改革有直接的关系。

与人均医疗负债相似,人均教育类负债在水平值和占比上也呈现下降趋势。其中 2015 年人均教育负债为 334 元,占人均非住房负债的比例为 11.59%,到 2018 年,人均教育负债下降为 20 元,占人均非住房负债的比例也下降为 1.48%。

其他家庭生活负债总体上也有下降趋势,只不过需要注意的是,其包含的内容可能在不同年份是不一样的,例如在 2015 年的其他家庭生活负债中包括了医疗负债。2016 年,人均其他家庭生活负债为 387 元,占人均非住房负债的 19.03%,到 2018 年,人均其他家庭生活负债下降为 143 元,其占比也相应下降至 10.62%。

第二节　非住房负债的城乡和地区差异

一、非住房负债的城乡差异

表 7-2 列出了 2015 年至 2018 年城镇和农村地区居民家庭人均非住房负债的几项主要内容。

表 7-2　2015—2018 年人均非住房负债的城乡结构　　（单位:元）

类别	2015 年		2016 年		2017 年		2018 年	
	城镇	农村	城镇	农村	城镇	农村	城镇	农村
购车负债	1119	431	391	267	597	250	779	219
教育负债	133	583	176	222	41	85	15	27
医疗负债	—	—	235	510	97	234	45	129
其他家庭生活负债	742	1235	323	471	114	210	113	187
生产经营负债	1084	398	1132	613	251	278	221	99
人均非住房负债余额	3076	2643	1796	2343	1270	1163	1781	721

（一）非住房负债的城乡特征

1.消费类负债的城乡差异

在消费类负债方面,城镇和农村地区居民家庭的负债类型存在明显差异。城镇地区居民家庭的消费类负债主要集中在购车负债,而农村地区居民家庭的负债类型则主要为医疗负债和其他家庭生活负债。从绝对水平来看,2015 年城镇地区居民家庭的人均购车负债达到 1119 元,即便是人均购车负债最低的年份（2016 年）也有 391 元。从人均购车负债占人均非住房负债总额的比例来看,城镇居民家庭人均购车负债占人均非住房负债总额的比例在 21.5%—47.01%,2017 年最高达到 47.01%,也就是说,将近一半的城镇居民家庭负债为购车负债。而对于农村居民家庭而言,其人均购车负债占人均非住房负债的比例最低只有 11.4%,只是在 2018 年有所上升,达到 30.37% 的最高值。

相反,农村居民家庭在医疗方面的负债则相对较高。2016 年至 2018 年,农村地区居民家庭的人均医疗负债在 129 元至 510 元,其占人均非住房负债的比例维持在 17.89%—21.77%,说明医疗支出仍然是农村居民家庭的重要负担。而城镇居民家庭在医疗方面的负债则相对较低,人均医疗负债最高的年份 2016 年也只有 235 元,而最低的年份仅为 45 元,人均医疗负债占人均非住房负债的比例也低至 2.53%—13.08%。

农村居民家庭的其他家庭生活负债也相对较高。2016 年,农村居民家庭其他家庭生活负债达到 471 元,即便是 2018 年最低也达到 187 元,其占人均非住房负债的比例稳定在 18.06%—25.94%。而城镇居民家庭的其他家庭生活负债则相对较低,2015—2018 年,城镇居民家庭的其他家庭生活负债均低于农村居民家庭,且城镇居民家庭人均其他家庭生活负债占非住房负债的比例在 2018 年低至 6.34%,最高也只有 17.98%。

在教育负债方面,农村居民家庭也高于城镇居民家庭。2015 年至 2018 年,农村居民家庭的人均教育负债占人均非住房负债的比例在 3.74%—22.06%,而城镇居民家庭的相应比例则在 0.84%—9.8%。高中和高等教育阶段的学费是教育负债的主要来源,收入较低的农村居民家庭更可能无法负担子女学费,出现教育负债。如果不解决低收入家庭的教育负债问题,就难以阻断贫困的代际传递,贫困家庭也难以摆脱贫困陷阱。

综合消费类负债的城乡差距可以看出,医疗负债和其他家庭生活负债均是面对生活的不确定性而产生的负债,农村居民家庭在这两方面的负债比例较高,体现了农村居民家庭在生活上的经济脆弱性。教育负债属于为人力资本投资而产生的负债,要阻断贫困的代际传递,有必要解决农村低收入居民家庭的教育负债问题。城镇居民家庭的消费类负债则更多的是为提高生活水平而产生的购车负债。

2. 生产经营类负债的城乡差异

生产经营类负债受宏观经济形势和居民家庭生产经营活动的影响,与消费类负债相比有更大的波动性。总体来看,城镇居民家庭的生产经营类负债在大多数年份均高于农村居民家庭,2016 年城镇居民家庭人均生产经营类负债达到 1132 元,占当年城镇居民家庭人均非住房负债的 63.03%,而人均生产经营类负债最低的年份为 2018 年,只有 221 元,仅占当年城镇居民家庭人均非住房负债的 12.41%。而农村居民家庭人均生产经营类负债最高仅为 613 元,占当年农村居民家庭人均非住房负债的 26.16%,人均生产经营负债最低的 2018 年只有 99 元,占比也只有 13.73%。

3. 人均非住房负债总额的城乡差异

总体来看,在大多数年份,城镇地区居民家庭的人均非住房负债余额高于农村地区,差距最大的是 2018 年,城镇地区居民家庭人均非住房负债为 1781 元,是农村居民家庭人均非住房负债的 2.47 倍。只有 2016 年农村地区居民家庭人均非住房负债高于城镇居民家庭,主要原因在于:一方面,2016 年农村地区居民家庭的医疗负债和其他家庭生活负债远高于其他年份;另一方面,城镇地区居民家庭 2016 年的购车负债与农村地区居民家庭的购车负债差距有所缩小，两方面共同作用导致城镇地区居民家庭人均非住房负债低于农村居民家庭。

（二）非住房负债城乡差异的变化趋势

根据表 7-2 可知，在人均非住房负债绝对数额的变化上，2015—2018 年，城镇居民家庭的人均非住房负债呈现先下降后又有小幅回升的趋势，而农村居民家庭的人均非住房负债总额则呈现单一的下降趋势。

从非住房负债构成的变化来看，农村居民家庭的大多数非住房负债类型均呈现下降趋势，只有人均生产经营性负债在 2016 年有一个跳跃性提升，然后继续下降。而城镇居民家庭则在医疗负债和其他家庭生活负债方面有稳定的下降趋势，在购车负债、教育负债和生产经营负债方面都出现了一定程度的波动。城镇居民家庭人均购车负债在 2016 年有一个小幅下降之后开始回升，不过到 2018 年还未恢复到 2015 年的水平；人均教育负债和人均生产经营性负债则在 2016 年上升之后开始逐渐回落。

在人均非住房负债的城乡差距的变化趋势方面（见表 7-3），购车负债的城乡差距呈现先下降后扩大的趋势。2015 年城镇居民家庭人均购车负债是农村居民家庭的 2.6 倍，2016 年下降至 1.46 倍，到 2018 年则大幅上升至 3.56 倍。医疗负债的城乡差距有所扩大，2016 年城镇居民家庭人均医疗负债是农村居民家庭的 46%，但到 2018 年已经下降至农村居民家庭的 35%。教育负债、其他家庭生活负债和生产经营负债的城乡差距则没有明显的变化趋势。总体来看，人均非住房负债余额的城乡差距在 2018 年达到最大值，这主要是由购车负债和生产经营负债的城乡差距扩大导致的。

表 7-3 人均非住房负债的城乡差距及其变化（城镇／农村）

类别	2015 年	2016 年	2017 年	2018 年
购车负债	2.60	1.46	2.39	3.56
教育负债	0.23	0.79	0.48	0.56
医疗负债	—	0.46	0.41	0.35
其他家庭生活负债	0.60	0.69	0.54	0.60
生产经营负债	2.73	1.85	0.90	2.23
人均非住房负债余额	1.16	0.77	1.09	2.47

二、非住房负债的地区差异

表 7-4 列出了人均非住房负债各主要构成部分的地区分布。总体来看，东部地区居民家庭人均非住房负债余额先下降后上升，而中部和西部地区居民家庭的人均非住房负债余额则呈上升趋势，这种变化趋势也使得东部、中部、西部地区人均非住房负债总额的排序发生了变化。具体而言，2015 年和 2016 年，西部地区居民家庭人均非住房负债总额高于东部和中部地区，其中东部地区居民家庭的人均非住房负债总额最低，而在 2017 年和 2018 年，这一形势发生了逆转，东部地区居民家庭人均非住房负债总额超过中部、西部地区居民家庭。

表 7-4 2015—2018 年人均非住房负债的地区结构　　（单位：元）

地区	购车负债	教育负债	医疗负债	其他家庭生活负债	生产经营负债	人均非住房负债余额
2015 年						
东部	892	306	—	563	458	2213
中部	783	242	—	846	1278	3144
西部	694	534	—	1969	674	3868

续表

地区	购车负债	教育负债	医疗负债	其他家庭生活负债	生产经营负债	人均非住房负债余额
2016 年						
东部	261	130	211	215	1137	1761
中部	248	270	507	550	736	2036
西部	632	218	419	494	691	2595
2017 年						
东部	690	44	93	108	236	1433
中部	245	51	231	235	333	1187
西部	222	105	166	126	208	853
2018 年						
东部	949	22	67	195	257	2250
中部	330	17	99	158	156	847
西部	57	18	74	13	15	240

具体的非住房负债构成存在较明显的地区差异。在消费类负债中,东部地区居民家庭的主要负债集中在购车负债,2017 年东部地区居民家庭人均购车负债占人均非住房负债的比例达到 48.15%,在 2015 年和 2018 年这一比例也超过 40%。尽管 2016 年占比较低,仅为 14.82%,但仍然是几类消费性负债中份额最大的。中部地区和西部地区居民家庭的非住房负债则集中在医疗负债和其他家庭生活负债方面,中部地区和西部地区近年来这两类负债总和占人均非住房负债的比例一直维持在 26.91%—51.92%,其中,西部地区居民家庭的这一比例高至 34.23%—50.89%,而东部地区居民家庭的这一比例则一直在 11.64%—25.44%。与此同时,除了 2015 年以外,其他年份中部地区和西部地区居民家庭的人均教育负债占人均非住房负债的比例也要高于东部地区居民家庭。由于医疗和其他生活类支出更倾向于必要支出,且主要由不

确定性导致,因此,中部、西部地区居民家庭的经济脆弱性也较东部地区更明显。教育负债也在很大程度上与收入水平相关。综合来看,东部、中部、西部地区居民家庭在消费类负债上的差异主要源于东部、中部、西部地区居民家庭收入水平的差距。

生产经营类负债由于其波动性较大,因而其地区差异也没有明显的规律性。从调查数据来看,2015 年,中部地区居民家庭的人均生产经营负债较高,是同年东部地区居民家庭的 2.79 倍,是西部地区居民家庭的 1.9 倍。2016 年则东部地区居民家庭的生产经营负债相对较高。2017 年和 2018 年东部、中部、西部地区居民家庭的生产经营性负债无论是在数量上还是占比上均有明显下降。

第三节　不同人群组在非住房负债上的差异

本节将根据家庭和户主特征将居民家庭分为不同组别来考察其与非住房负债之间的关系。由于 2015 年的数据在部分指标上不具有可比性,因而本节仅使用 2016—2018 年的数据进行分析。

一、家庭收入与家庭非住房负债

将家庭按照人均收入分为三等分以便考察收入与负债之间的关系。表 7-5 列出了不同收入等分组的人均非住房负债的分布情况。数据结果与前面的分析一致,人均购车负债总体上随着收入水平的上升而上升,2018 年最高收入家庭的人均购车负债达到 1007 元,是最低收入家庭的 6.29 倍,是中等收入家庭的 2.13 倍。这说明汽车仍然属于奢侈品。医疗负债和其他家庭生活负债则随着收入水平的上升而下降。这说明医疗、其他家庭生活负债体现了低收入家庭的经济脆弱性,这需要政府完善社会保障体系以提高低收入群体抵抗疾病冲击和减少其他不利因素对生活的影响的能力。教育负债也呈现出随着收入提高而下降的趋势,这与教育负债产生的原因有直接关系,政府可以通过对困难家庭子女教育提供资助和完善助学贷款等措施,为低收入家庭子女接受教育创造条件,阻断贫困的代际传递。在生产经营类负债方面,低收入家庭和高收入家庭的生产经营类负债均较高。主要原因可能在于,高收入家庭有更多的投资机会和更高的投资收益率,因而生产经营的借贷能力也更强,而低收入家庭则可能是由于生产经营的亏损而陷入贫困,进而表现为较高的生产经营负债。

表7-5 2016—2018年按家庭人均收入分组的人均非住房债务的分布情况

（单位:元）

人均收入分组	购车负债	教育负债	医疗负债	其他家庭生活负责	生产经营负债
2016 年					
最低三等分组	319	421	715	713	1605
中间三等分组	235	73	188	246	295
最高三等分组	467	73	126	171	771
2017 年					
最低三等分组	118	113	385	234	274
中间三等分组	185	33	56	107	152
最高三等分组	967	34	29	122	350
2018 年					
最低三等分组	160	40	183	136	77
中间三等分组	472	12	30	161	91
最高三等分组	1007	7	24	133	340

二、户主特征与家庭非住房负债

(一)户主年龄与家庭非住房负债

表 7-6 列出了户主属于不同年龄阶层的家庭人均非住房负债的分布情况。数据表明,家庭人均购车负债随着户主年龄的提高而下降,这一方面是因为年轻人对购车的需求相对较高,另一方面是年轻人的购买能力也可能相对较低,进而表现为较高的购车负债。与人均购车负债相反,人均医疗负债则表现为随户主年龄的提高而上升,主要是健康状况通常随着年龄的提高而下降,因而老年人对医疗有更高的需求,其医疗支出也相对较高。随着中国老龄化程度的提高,医疗负债在居民家庭负债中的占比可能会进一步提升。在其他家庭生活负债方面,户主在 30 岁以下的家庭高于其他年龄的家庭,这可能是户主在 30 岁以下的家庭一方面由于年轻而家庭积累的储蓄较少,另一方面子女幼小且支出较大,导致其他家庭生活负债较高。在生产经营负债方面,户主在 60 岁以上的居民家庭的生产经营性负债最低,主要是因为这类家庭较少从事生产经营活动。教育负债则在不同年龄段的户主家庭中没有明显的规律性。

表 7-6   2016—2018 年按户主年龄分类的人均非住房债务的分布

(单位:元)

年龄	购车负债	教育负债	医疗负债	其他家庭生活负债	生产经营负债
2016 年					
30 岁以下	679	470	199	565	1303
30—40 岁以下	480	79	149	220	844
40—50 岁以下	321	270	315	316	1277
50—60 岁以下	282	182	501	622	629
60 岁及以上	129	86	517	317	534

续表

年龄	购车负债	教育负债	医疗负债	其他家庭生活负债	生产经营负债
2017 年					
30 岁以下	1542	46	66	242	464
30—40 岁以下	643	39	62	116	273
40—50 岁以下	388	105	122	155	355
50—60 岁以下	321	58	280	214	211
60 岁及以上	111	18	182	97	108
2018 年					
30 岁以下	1619	55	20	331	281
30—40 岁以下	910	13	44	186	442
40—50 岁以下	644	16	54	166	54
50—60 岁以下	221	20	121	103	163
60 岁及以上	127	18	115	63	49

（二）户主受教育水平与家庭非住房负债

受历史因素的影响,老年人的受教育水平相对较低,而年轻人的受教育水平则相对较高,因此,户主受教育水平往往与户主年龄有较强的联系。以 2018 年的数据为例,户主受教育水平为小学、初中、高中(包括高职和中专)、大专、大学及以上的居民家庭的平均户主年龄分别为 53 岁、41 岁、36 岁、36 岁和 23 岁,这也就意味着按户主受教育水平分组得到的居民家庭非住房负债情况,在很大程度上可能与按户主年龄分组得到居民家庭非住房负债情况有较强的关联性和重合度,尽管如此,为了更充分地展现受教育水平与家庭非住房负债的影响,我们仍然将这一结果列出来。

从表 7-7 的数据来看,随着户主受教育水平的提高,家庭人均购车负债也在逐渐上升,而人均医疗负债则在逐渐下降,与此同时,户主受教育水平为小学及以下的家庭人均生产经营负债低于其他受教育水平的户主家庭,这与户主年龄的解释是一致的。户主受教育水平在其他家庭生活负债和教育负债方面的分布则没有明显的规律性。

表7-7　2016—2018年按户主受教育水平分类的人均非住房债务的分布

(单位:元)

受教育水平	购车负债	教育负债	医疗负债	其他家庭生活负债	生产经营负债
2016 年					
小学及以下	268	198	569	548	519
初中	266	316	410	454	965
高中/高职/中专	279	91	166	189	1639
大专	521	64	71	167	356
大学及以上	970	90	72	257	617
2017 年					
小学及以下	201	47	243	172	133
初中	256	84	141	159	320
高中/高职/中专	485	31	119	123	254
大专	1236	43	25	139	149
大学及以上	1842	108	30	151	840
2018 年					
小学及以下	194	22	153	127	75
初中	389	19	53	148	96
高中/高职/中专	750	23	44	221	175
大专	1285	15	2	72	201
大学及以上	1992	2	2	47	1200

(三)户主就业身份与家庭非住房负债

户主为不同就业身份的家庭的非住房负债差异较大(见表

7-8）。户主为雇主的家庭人均生产经营负债最高,而户主为雇员的家庭人均生产经营负债最低,这是比较符合常理的。户主为自营劳动者的家庭的人均生产经营负债也相对较高,其中自营劳动者包括农民,由于农民收入较低,户主为自营劳动者的家庭的人均医疗负债和其他家庭生活负债也相对较高。此外,户主为雇主的家庭人均购车负债和人均教育负债也相对较高,这是因为其购车需求较大,且相对于其他群体而言更偏好借贷消费和借贷投资。需要说明的是,就业身份为其他的家庭的样本较少,所以其人均负债额容易受到极端值的影响,数据的波动性也较大。

表 7-8　2016—2018 年按户主就业身份分类的人均非住房债务的分布

（单位:元）

就业身份	购车负债	教育负债	医疗负债	其他家庭生活负债	生产经营负债
2016 年					
雇主	751	934	286	912	2574
雇员	333	69	206	243	170
自营劳动者	353	312	478	548	1847
其他	527	214	339	520	2310
2017 年					
雇主	706	174	199	259	1828
雇员	624	41	59	107	76
自营劳动者	161	73	184	215	390
其他	676	328	394	564	1314
2018 年					
雇主	2057	41	4	36	4738
雇员	790	20	50	156	45
自营劳动者	280	13	79	146	205
其他	334	31	202	176	73

（四）户主工作单位性质与家庭非住房负债

根据表 7-9 可知,户主在外资企业工作的家庭人均购车负债相对较高,而人均医疗负债、人均其他家庭生活负债和人均生产经营负债相对较低,主要是这类家庭相对而言收入水平较高,有更高的购车需求,且能负担更多的家庭生活支出和医疗支出,与此同时,其生产经营需求也相对较低。相反,户主为土地承包者的家庭人均医疗负债、其他家庭生活负债和生产经营负债均较高,主要是因为这类家庭收入水平相对较低,且有农业生产经营需求。户主在个体私营企业工作的家庭收入也相对较低,因而其非住房负债表现与较低收入的土地承包者家庭较为相似。

表 7-9　2016—2018 年按户主工作单位性质分类的人均非住房债务的分布

（单位:元）

工作单位性质	购车负债	教育负债	医疗负债	其他家庭生活负债	生产经营负债
2016 年					
机关事业单位	740	534	245	504	1220
国有企业	311	21	93	117	152
集体企业	467	94	279	129	203
外资企业	589	10	78	153	11
个体私营企业	345	129	227	318	1386
土地承包者	251	425	647	608	577
2017 年					
机关事业单位	604	26	30	123	38
国有企业	484	19	18	90	119
集体企业	762	73	53	110	35
外资企业	1648	11	19	116	44
个体私营企业	537	40	71	139	406
土地承包者	63	189	390	374	482

续表

工作单位性质	购车负债	教育负债	医疗负债	其他家庭生活负债	生产经营负债
2018 年					
机关事业单位	1088	7	3	72	9
国有企业	810	6	16	30	2
集体企业	711	4	89	257	2
外资企业	1898	7	8	136	69
个体私营企业	638	18	36	198	281
土地承包者	157	20	166	51	172

（五）户主职业种类与家庭非住房负债

表 7-10 列出了按户主职业种类分类的家庭人均非住房负债情况。户主为个体户主或私营业主的家庭人均生产经营负债最高，户主为专业技术人员、单位或部门负责人以及办事人员的家庭人均购车负债较高，而户主为非技术工人或农民的家庭则人均医疗负债和人均其他家庭生活负债相对较高。

表 7-10 2016—2018 年按户主职业种类分类的人均非住房债务的分布

（单位:元）

职业种类	购车负债	教育负债	医疗负债	其他家庭生活负债	生产经营负债
2016 年					
个体户主或私营业主	449	400	188	447	3557
专业技术人员	642	101	77	409	1154
单位或部门负责人	605	81	143	191	128
办事人员	507	38	135	189	177
技术工人	344	96	222	260	139
非技术工人或农民	263	307	517	539	639

职业种类	购车负债	教育负债	医疗负债	其他家庭生活负债	生产经营负债
2017 年					
个体户主或私营业主	469	51	65	190	994
专业技术人员	1268	85	71	111	56
单位或部门负责人	857	35	55	107	58
办事人员	738	25	29	146	20
技术工人	527	33	52	82	192
非技术工人或农民	212	112	232	217	274
2018 年					
个体户主或私营业主	737	9	8	272	761
专业技术人员	2119	114	13	240	52
单位或部门负责人	1480	5	16	185	43
办事人员	810	9	24	197	59
技术工人	593	13	34	179	51
非技术工人或农民	228	22	121	50	61

第八章 投资理财与融资分析

本章主要包括以下几个部分:居民家庭储蓄及银行业务办理情况、居民家庭资产配置行为、投资理财信息咨询渠道及经验积累、家庭融资借款情况与意愿。前一部分属于家庭财产辅助性问题,后三部分属于家庭投资和融资问题。在每个部分,既有对家庭客观实际选择行为特征的描述和阐释,又有对家庭主观态度和偏好的延伸考察。这些内容有助于从多个角度了解家庭财富分布和家庭金融状况,同时对相关行业和产业的发展也具有启示意义。

第一节 居民家庭储蓄及银行业务办理情况

一、家庭储蓄的原因

当期的收入可用于当期的消费,当期未消费的资金则构成了储蓄。根据表8-1可知,2015—2018年,全国调查家庭进行储蓄的主要原因中,"应付突发事件及医疗支出""为子女教育做准备""为养老储蓄做准备"一直居于前三位。其中,甚至超过40%的家庭都将"应付突发事件及医疗支出"作为储蓄原因。城乡家庭进行储蓄的主要原因位次基本一致,但是农村居民储蓄选择养老以及应付医疗支出的比例远高于城镇家庭居民。

表 8-1 2015—2018 年家庭储蓄原因描述统计

家庭储蓄主要原因	全国		城镇家庭		农村家庭	
	频数	百分比（%）	频数	百分比（%）	频数	百分比（%）
2015 年						
不愿承担投资风险	2357	23.17	1315	23.63	1042	22.62
为购房或装修做准备	1371	13.48	804	14.45	567	12.31
为养老储蓄做准备	3358	33.02	1812	32.57	1546	33.56
为子女教育做准备	4217	41.46	2203	39.59	2014	43.72
为自身教育做准备	288	2.83	188	3.38	100	2.17
应付突发事件及医疗支出	3695	36.33	1957	35.17	1738	37.73
其他原因	1260	12.39	633	11.38	627	13.61
2016 年						
不愿承担投资风险	8535	24.27	5370	25.87	3164	21.95
为购房或装修做准备	3103	8.82	2228	10.74	875	6.07
为养老储蓄做准备	12027	34.19	7168	34.54	4858	33.70
为子女教育做准备	11803	33.56	7154	34.47	4648	32.24
为自身教育做准备	934	2.66	648	3.12	285	1.98
应付突发事件及医疗支出	14762	41.97	8648	41.66	6114	42.41
其他原因	6259	17.79	3523	16.98	2734	18.97
2017 年						
不愿承担投资风险	7466	15.87	4103	14.71	3363	17.55
为购房或装修做准备	1870	3.97	1125	4.03	745	3.89
为养老储蓄做准备	15623	33.21	7644	27.41	7979	41.64
为子女教育做准备	10968	23.31	6556	23.51	4412	23.02
为自身教育做准备	941	2.00	734	2.63	207	1.08
应付突发事件及医疗支出	20044	42.60	10571	37.91	9413	49.12
其他原因	10532	22.39	5271	18.90	5261	27.45

家庭储蓄主要原因	全国		城镇家庭		农村家庭	
	频数	百分比（%）	频数	百分比（%）	频数	百分比（%）
2018 年						
不愿承担投资风险	4060	13.82	2546	14.31	1514	13.07
为购房或装修做准备	1162	3.96	827	4.65	335	2.89
为养老储蓄做准备	10804	36.78	5756	32.36	5048	43.58
为子女教育做准备	7041	23.97	4562	25.64	2479	21.40
为自身教育做准备	552	1.88	457	2.57	95	0.82
应付突发事件及医疗支出	14155	48.19	8457	47.54	5698	49.19
其他原因	8465	28.82	5016	28.19	3449	29.78

　　具体来看,家庭进行储蓄的主要原因,2015 年,居首位的是"为子女教育做准备",超过 40% 的家庭都将其作为储蓄原因。其次分别是"应付突发事件及医疗支出""为养老储蓄做准备""不愿承担投资风险""为购房或装修做准备"。2016 年,居前几位的分别是:"应付突发事件及医疗支出",占 41.90%;"为养老做准备",占 34.19%;"为子女教育做准备",占 33.56%;"不愿承担投资风险",占 24.27%。2017 年,位居前几位的分别是:"应付突发事件及医疗支出",占 42.6%;"为养老做准备",占 33.21%;"为子女教育做准备",占 23.31%;"其他原因",占 20.57%。2018 年,位居前几位的分别是:"应付突发事件及医疗支出",占 48.19%;"为养老做准备",占 36.78%;"为子女教育做准备",占 23.97%;"其他原因",占 20.57%;"不愿承担投资风险",占 13.82%。城乡家庭进行储蓄的主要原因位次一致,但是农村居民储蓄选择养老的比例远高于城镇家庭居民。

　　这表现出我国居民储蓄行为存在较强的预防性动机。由于中国目前的社会保障体系还需要健全、教育费用大幅提高等,居民对医疗、养老、子女教育等方面的预期支出较大,导致我国居民的预防性储蓄需求较强。这说明我们需要进一步加强社保、医疗、义务教育等公共服务建设,特别需要注重城乡公共服务和社会保障待遇均等化。另外,由于投资品市场发育还不成熟,自身金融素养以及金融机构不健全等,选择"不愿承担投资风险"的比例也相对较高。城镇化带来了房地产市场的繁荣,近年来房价也在迅速提高,购房和装修也成为家庭储蓄的主要原因之一。

二、家庭储蓄规模

根据表 8-2 可知,2015—2017 年,从储蓄规模相对比例看,全国超过 60% 的家庭新增储蓄占家庭收入的比重在 20% 以内。城镇家庭的储蓄能力相对于农村家庭要强一些,在 10% 以上收入占比组的比例,特别是新增储蓄占比高的组别,城镇家庭均高于农村家庭。可能的原因在于农村居民受到收入水平的限制,以及当期消费支出占收入比例较大,导致储蓄水平不高。

表 8-2　2015—2017 年家庭储蓄规模描述统计　　　（单位:%）

新增储蓄占 家庭收入比重	全国	城镇	农村
2015 年			
[0,10%]	39.66	34.78	46.57
(10%,20%]	22.62	24.41	20.08
(20%,30%]	19.47	21.18	17.05
(30%,40%]	8.47	9.74	6.67
(40%,50%]	4.50	4.43	4.59
(50%,60%]	2.35	2.53	2.09
(60%,70%]	1.31	1.49	1.04

续表

新增储蓄占家庭收入比重	全国	城镇	农村
(70%,80%]	0.82	0.75	0.91
(80%,90%]	0.42	0.31	0.59
(90%,100%]	0.39	0.38	0.41
2016 年			
[0,10%]	46.52	38.56	58.09
(10%,20%]	22.01	25.32	17.21
(20%,30%]	14.13	15.80	11.7
(30%,40%]	8.84	10.43	6.53
(40%,50%]	4.30	5.09	3.15
(50%,60%]	1.97	2.40	1.33
(60%,70%]	1.03	1.20	0.80
(70%,80%]	0.67	0.65	0.69
(80%,90%]	0.26	0.26	0.26
(90%,100%]	0.27	0.28	0.25
2017 年			
[0,10%]	33.60	28.10	41.48
(10%,20%]	31.79	29.98	34.38
(20%,30%]	16.29	20.08	11.85
(30%,40%]	9.53	11.34	6.93
(40%,50%]	4.71	5.41	3.70
(50%,60%]	2.02	2.51	1.32
(60%,70%]	1.22	1.53	0.78
(70%,80%]	0.62	0.75	0.44
(80%,90%]	0.09	0.11	0.06
(90%,100%]	0.13	0.19	0.05

具体来看,2015 年,39.66%的抽样家庭储蓄金额占收入比重不到 10%,8.47%的家庭比例为(30%,40%],4.50%的家庭比例为(40%,50%],2.35%的家庭比例为(50%,60%],60.00%以上各储蓄档次的家庭数量都比较少。2016 年,全国将近一半的家庭新

增储蓄占家庭收入的比重低于 10%,22% 的家庭新增储蓄占收入的比重在 10%—20%。2017 年,全国 33.6% 的家庭新增储蓄占家庭收入的比重低于 10%,31.79% 的家庭新增储蓄占收入的比重在 10%—20%。2018 年进一步从储蓄金额绝对数量的角度进行了调查(见表 8-3),结果也印证了我国居民总体储蓄能力较低。具体而言,超过 50% 的家庭年储蓄资金在 5000 元以下。另外,城镇居民的储蓄能力相比农村居民仍然要强。

表 8-3　2018 年家庭储蓄规模描述统计　　　　(单位:%)

新增储蓄(元)	全国	城镇	农村
[0,1000]	37.37	32.96	43.84
(1000,5000]	13.02	9.00	18.92
(5000,10000]	10.36	10.15	10.68
(10000,20000]	9.79	11.40	7.43
(20000,50000]	19.10	21.84	15.08
(50000,100000]	8.19	11.34	3.56
100000 以上	2.17	3.31	0.49

三、家庭办理储蓄业务的主要银行

由表 8-4 和表 8-5 可见,2015—2018 年,由于银行布点、经营规模等,居民办理业务的主要银行方面呈现明显的两极分化。从全国范围来看,居民主要办理业务的银行前几位分别是中国工商银行、农村商业银行/城镇商业银行、中国农业银行、中国建设银行、邮政储蓄银行。中国工商银行、中国农业银行、中国建设银行、中国银行等国有商业银行由于其龙头地位,实力雄厚、布点广泛,是城乡居民经常去办理储蓄业务的银行。城镇商业银行以及城乡信用合作社等地方性商业银行由于其较强的地域特色,面向基层布点,近年来得到了长足的发展,成为城乡居民特别是农村居民经常办理业务的银行之一。邮政储蓄银行由于全国网点规模较大、覆盖面较广,也是城乡居民经常办理业务的银行。一些股份制银行和外资银行的比例较低,有的不足1%。

表 8-4 2015 年居民经常去的银行   (单位:%)

银行	全国	城镇	农村
中国工商银行	19.45	25.23	10.99
中国建设银行	13.92	18.11	7.80
中国银行	5.75	7.51	3.15
中国农业银行	24.52	20.37	30.61
邮政储蓄银行	13.67	11.58	16.73
地方性商业银行	17.24	9.06	29.23

具体来看,根据表 8-4,在城乡家庭经常去办理储蓄业务的银行中,2015 年居前六位的是:中国农业银行,占 24.52%;中国工商银行,占 19.45%;地方性商业银行,占 17.24%;中国建设银行,占 13.93%;邮政储蓄银行,占 13.67%;中国银行,占 5.75%。其中,城镇地区居前六位的是:中国工商银行,占 25.23%;中国农业银行,占 20.37%;中国建设银行,占 18.11%;邮政储蓄银行,占 11.58%;地方性商业银行,占 9.06%;中国银行,占 7.51%。农村地区居前六位的是:中国农业银行,占 30.61%;地方性商业银行,占 29.23%;邮政储蓄银行,占 16.73%;中国工商银行,占 10.99%;中国建设银行,占 7.80%;中国银行,占 3.15%。

根据表 8-5 可知,2016 年,从全国范围来看,居民主要办理业务的银行按照比例大小,前几位分别是中国工商银行(21.77%)、农村商业银行/城镇商业银行(20.81%)、中国农业银行

（16.86%）、中国建设银行（12.20%）、邮政储蓄银行（11.29%）。
城乡居民办理业务的银行顺序有所差异。城镇家庭经常去的银行
分别是中国工商银行（30.25%）、中国建设银行（17.00%）、中国农
业银行（14.88%）、农村商业银行/城镇商业银行（8.74%）、邮政储
蓄银行（8.73%）。农村地区家庭经常去的银行分别是农村商业
银行/城镇商业银行（38.28%）、中国农业银行（19.73%）、邮政储
蓄银行（14.99%）、中国建设银行（5.25%）。

表8-5 2016—2018年居民经常去的银行　　　　（单位:%）

银行分组	全国	城镇	农村
2016 年			
中国工商银行	21.77	30.25	9.49
中国建设银行	12.20	17.00	5.25
中国银行	5.01	7.14	1.91
交通银行	2.64	3.67	1.16
中国农业银行	16.86	14.88	19.73
招商银行	1.72	2.20	1.02
邮政储蓄银行	11.29	8.73	14.99
光大银行	0.62	0.80	0.34
民生银行	0.49	0.56	0.39
平安银行	0.48	0.46	0.51
浦发银行	0.61	0.60	0.62
中信银行	0.47	0.61	0.27
兴业银行	0.35	0.45	0.21
华夏银行	0.13	0.19	0.05
广发银行	0.18	0.22	0.12
农村商业银行/城市商业银行	20.81	8.74	38.28
外资银行	0.06	0.07	0.06
地方性商业银行	1.40	1.50	1.26
其他	2.92	1.93	4.35

续表

银行分组	全国	城镇	农村
2017 年			
中国工商银行	17.21	24.02	7.51
中国建设银行	13.64	19.80	4.89
中国银行	7.41	10.16	3.49
交通银行	3.58	4.58	2.16
中国农业银行	11.96	11.97	11.94
招商银行	1.77	2.27	1.05
邮政储蓄银行	15.95	11.07	22.88
光大银行	0.73	1.01	0.33
民生银行	0.64	0.89	0.29
平安银行	0.51	0.71	0.22
浦发银行	0.84	1.23	0.28
中信银行	0.98	1.46	0.29
兴业银行	0.14	0.20	0.05
华夏银行	0.14	0.20	0.05
广发银行	0.17	0.22	0.10
农村商业银行/城市商业银行	21.72	7.92	41.35
外资银行	0.12	0.16	0.06
地方性商业银行	0.80	0.92	0.63
其他	1.71	1.20	2.43
2018 年			
中国工商银行	15.77	21.80	6.80
中国建设银行	13.86	18.79	6.53
中国银行	8.30	11.05	4.22
交通银行	3.92	5.48	1.59
中国农业银行	12.45	13.65	10.66
招商银行	1.44	2.05	0.52
邮政储蓄银行	19.47	15.54	25.33
光大银行	0.72	0.87	0.50

银行分组	全国	城镇	农村
民生银行	0.55	0.66	0.39
平安银行	0.42	0.31	0.59
浦发银行	0.67	0.84	0.42
中信银行	0.82	0.98	0.59
兴业银行	0.35	0.38	0.29
华夏银行	0.29	0.35	0.21
广发银行	0.20	0.29	0.06
农村商业银行/城市商业银行	19.42	6.36	38.86
外资银行	0.03	0.03	0.02
地方性商业银行	0.89	0.42	1.59
其他	0.41	0.14	0.82

2017年,居民主要办理业务的银行按照比例大小,前几位分别是农村商业银行/城市商业银行(21.72%)、中国工商银行(17.21%)、邮政储蓄银行(15.95%)、中国建设银行(13.64%)、中国农业银行(11.96%)。城乡居民办理业务的银行顺序有所差异。城镇家庭经常去的银行分别是中国工商银行(24.02%)、中国建设银行(19.80%)、中国农业银行(11.97%)、邮政储蓄银行(11.07%)、中国银行(10.16%)。农村地区家庭经常去的银行分别是农村商业银行/城市商业银行(41.35%)、邮政储蓄银行(22.88%)、中国农业银行(11.94%)、中国工商银行(7.51%)。

2018年,居民主要办理业务的银行按照比例大小,前几位分别是邮政储蓄银行(19.47%)、农村商业银行/城市商业银行(19.42%)、中国工商银行(15.77%)、中国建设银行(13.86%)、中国农业银行(12.45%)。城乡居民办理业务的银行顺序有所差异。城镇家庭经常去的银行分别是中国工商银行(21.8%)、中国建设银行（18.79%）、邮政储蓄银行（15.54%）、中国农业银行（13.65%）、中国银行（11.05%）。农村地区家庭经常去的银行分别是农村商业银行/城市商业银行（38.86%）、邮政储蓄银行（25.33%）、中国农业银行（10.66%）、中国工商银行（6.80%）。

　　总的来看,城乡居民办理业务的银行顺序有所差异。城镇家庭经常去的银行分别是中国工商银行、中国建设银行、中国农业银行、农村商业银行/城市商业银行、邮政储蓄银行。农村家庭经常去的银行分别是农村商业银行/城市商业银行、中国农业银行、邮政储蓄银行、中国建设银行。另外,城镇家庭办理业务的银行相比农村家庭分布更为均等,而农村家庭的集中度更高（选择农村和城市商业银行的比例远远超过其他类型银行）,原因可能是可选择的银行机构范围相对小。

　　以上分布的差异既反映了城乡地区不同金融机构分布有所侧重,也说明我们应当推动普惠金融的发展,使农村居民更便利享受到金融服务,有利于他们参与投资理财和融资。可以大力发展农村地区金融机构,如村镇银行等。

四、银行服务满意度

　　根据表8-6可知,在主要办理金融业务的银行评价方面,大部分家庭对为其服务的银行表示满意,全国层面历年占比均超过了70%。分城乡来看,居民家庭对银行服务的满意度基本一致,但城镇居民家庭对银行服务不满意的比重超过农村家庭。这反映出银行的实际服务质量与居民的要求之间还存在差距。进一步以客户为中心,以服务质量为核心,提高服务标准化水平,仍然是银行机构要努力的方向。

表 8-6　2015—2018 年居民对银行满意度评价的描述统计　　（单位:%）

区域	满意	不满意	一般
2015 年			
全国	72.17	4.98	22.86
城镇	71.99	5.07	22.94
农村	72.44	4.86	22.70
2016 年			
全国	76.35	3.23	20.43
城镇	74.47	3.61	21.92
农村	79.13	2.65	18.22
2017 年			
全国	72.18	3.92	23.9
城镇	69.83	5.03	25.14
农村	75.57	2.33	22.10
2018			
全国	73.86	4.55	21.59
城镇	71.93	5.26	22.81
农村	76.77	3.48	19.75

具体来看,2015 年,72.17% 的家庭表示对为其服务的银行满意,4.98% 的家庭不满意,22.86% 的家庭认为银行服务一般。2016 年,有将近 25% 的家庭对银行服务不满意或者表示服务一般。2017 年,对银行业务表示满意的比重为 72.18%,但仍有 27.82% 的家庭表示不满意或者表示服务一般。2018 年,对银行业务表示满意的比重为 73.86%,有 26.14% 的家庭表示不满意或者表示服务一般。

第二节　居民家庭资产配置行为

一、家庭新增投资规模

2018 年,调查对家庭新增投资规模进行了询问。根据表 8-7

可知,2018 年,全国 93.25% 的家庭新增投资没有超过 1000 元,1000—5000 元的家庭占比为 4.14%,5000—10000 元的家庭占比为 1.01%,10000—20000 元的家庭占比为 0.75%,20000—50000 元的家庭占比为 0.68%,50000—100000 元的家庭占比为 0.16%,新增投资超过 100000 元的家庭占比为 0.02%。全国有 98.40% 的家庭新增投资没有超过 10000 元。

分城乡看,农村家庭的 5000 元以上分组的新增投资规模低于城镇家庭,而在 5000 元以下几个分组的比重高于城镇家庭,说明农村家庭总体新增投资较少。城镇地区 90.39% 的家庭新增投资没有超过 1000 元,1000—5000 元的家庭占比为 5.59%,5000—10000 元的家庭占比为 1.49%,10000—20000 元的家庭占比为 1.14%,20000—50000 元的家庭占比为 1.11%,50000—100000 元的家庭占比为 0.24%,超过 100000 元的家庭占比为 0.03%。农村地区家庭各投资规模分组占比分别是 97.48%、1.97%、0.29%、0.17%、0.03%、0.04% 和 0。

总体来看,农村家庭的新增投资规模都低于城镇家庭。因此,应当进一步提高居民收入,并通过收入分配等政策着力提高农村低收入群体的收入。另外,储蓄规模和投资规模的不匹配,也说明绝大多数居民的储蓄,由于上文所提到的养老、医疗、子女教育、存在风险等问题,没有转化为投资。

表 8-7　2018 年家庭新增投资规模描述统计　　　　　（单位:%）

新增投资（元）	全国	城镇	农村
[0,1000]	93.25	90.39	97.48
(1000,5000]	4.14	5.59	1.97
(5000,10000]	1.01	1.49	0.29

续表

新增投资（元）	全国	城镇	农村
(10000, 20000]	0.75	1.14	0.17
(20000, 50000]	0.68	1.11	0.03
(50000, 100000]	0.16	0.24	0.04
100000 以上	0.02	0.03	0

二、家庭投资参与情况

由于家庭储蓄的增加以及收入结构中投资性收入所占比例逐渐加大,城乡居民的理财投资意识和理财投资参与程度增强,财产形式不再是单一的银行存款,而是股票、基金、债券、商业投资、收藏等多种类型都有了体现。

从各类投资产品的投资参与度分析居民的投资行为。根据表8-8可知,2015—2018年,居民家庭热衷的投资产品均首选股票,其次是基金、债券、商业投资等。分城乡和地区的各类投资产品参与度的顺序与全国总体基本一致。但是,城镇家庭投资股票、基金、债券的比例均明显高于农村家庭,而农村家庭某些年份在商业投资、房产和收藏方面略高于城镇家庭。由于我国股票投资发展相对较早,且门槛相对较低,成为城乡家庭首选的投资产品。另外,从趋势来看,近年来,居民投资房产的比例有所下降。可能的原因是"房住不炒"原则的确立,使得房产投资的吸引力有所下降。

表8-8 2015—2018年参与各产品投资家庭统计 （单位:%）

区域	股票	基金	债券	商业投资	房产	收藏
2015 年						
全国	7.35	4.52	3.79	3.84	3.59	3.53
城镇	10.56	6.33	5.34	4.87	5.10	4.70
农村	2.89	2.00	1.63	2.41	1.49	1.89

续表

区域	股票	基金	债券	商业投资	房产	收藏
2016 年						
全国	4.29	3.42	2.15	1.35	1.22	1.43
城镇	5.98	4.51	2.53	1.32	1.12	1.32
农村	1.86	1.87	1.6	1.42	1.39	1.58
2017 年						
全国	3.63	2.55	1.69	0.89	0.77	2.23
城镇	4.94	3.24	1.99	0.91	0.78	2.49
农村	1.75	1.55	1.26	0.85	0.75	1.87
2018 年						
全国	2.54	2.18	1.18	0.35	0.33	0.58
城镇	3.75	3.44	1.62	0.48	0.49	0.91
农村	0.75	0.30	0.53	0.14	0.08	0.03

具体来看(见表 8-8),2015 年,在参与各类产品投资的家庭中,股票的投资参与度相对最高,占全部调查家庭的 7.35%;其次是基金,占 4.52%;收藏的参与度最低,只有 3.53%。2016—2018年,城乡家庭投资参与度的排序与 2015 年大体一致。分城乡和东部、中部、西部地区的各类投资产品参与度的位次顺序与全国总体基本一致。这些统计结果与中国人民银行公布的 2017 年第四季度城镇储户问卷调查报告的结果基本相呼应。该报告指出"居民偏爱的前三位投资方式分别为银行、证券、保险公司理财产品;基金信托产品;股票"。

三、家庭负责理财人员情况

2018 年,调查增加询问了负责理财的家庭成员情况。根据表 8-9 可知,全国层面,由户主本人负责理财的家庭比重占大多数,比重为 64.90%;其次为家庭成员共同协商,比重为 19.05%;位居第三的是户主的配偶,比重为 13.65%;第四位是子女,比重为 2.21%。分城乡和东部、中部、西部的位次没有改变,都是以户主为主。但是,城镇地区、东部地区由家庭成员共同协商来进行家庭理财规划和决策的家庭比重显著高于相对应的农村地区和中部、西部地区,说明城镇和东部地区家庭在理财方面的家庭成员参与度相对较高。

表 8-9　2018 年家庭负责理财人员　　　（单位:%）

区域	户主	户主的配偶	子女	家庭成员共同协商	其他
全国	64.90	13.65	2.21	19.05	0.20
城镇	62.69	12.37	1.95	22.70	0.29
农村	68.22	15.58	2.59	13.55	0.05
东部	57.32	13.97	3.09	25.32	0.30
中部	67.66	14.39	1.88	16.01	0.05
西部	77.57	11.69	0.74	9.78	0.21

四、各类投资产品的盈利情况

进一步从盈利面(报告有盈利的家庭占参与该产品投资家庭的比例)来看,根据表 8-10 可知,2015—2018 年,虽然居民参与股票投资高于其他类型投资的比例,但是,股票在各类投资类型中的盈利面并不高,甚至在某些年份是最低的。这与近年来股市的波动有关,也侧面反映出股票投资具有的一定风险。债券、商业投资、房产、基金参与投资的家庭中盈利比例相对较高。

表 8-10　2015—2018 年家庭各类投资产品的盈利面　　　（单位:%）

投资产品	盈利面
2015 年	
股票	52.18
基金	64.05

投资产品	盈利面
债券	73.45
商业投资	66.92
房产	60.48
收藏	44.18
2016 年	
股票	59.72
基金	71.98
债券	80.08
商业投资	79.58
房产	79.00
收藏	62.90
2017 年	
股票	59.23
基金	81.96
债券	79.29
商业投资	84.27
房产	87.01
收藏	62.33
2018 年	
股票	74.02
基金	84.40
债券	84.75
商业投资	88.57
房产	90.91
收藏	70.69

具体来看,2015 年,股票的盈利面相对较小,仅有 52.13%,这与 2014—2015 年的股市剧烈波动有关。收藏(珠宝、字画)的盈利面仅有 44.18%。债券、商业投资和基金参与投资的家庭中盈利比例相对较高。2016 年,股票的盈利面为 59.72%。2017 年,股票的

盈利面仍相对较小,仅有 59.23%。基金、债券(主要是国债)、商业投资和房产投资的家庭中盈利比例相对较高。2018 年,全国层面,投资股票的盈利面比前几年稍有提升,比重为 74.02%;投资房产的盈利面最高,比重为 90.91%;其次是商业投资,盈利面为 88.57%。这从一个侧面反映出房地产在家庭投资中的重要地位。过去,我国房价上升势头明显,加剧了民众"买房就能赚钱"的观念。但是,由于购买房产所需资金较多,导致虽然其盈利面较大,但参与度并不是太高。

总的来看,家庭投资各类投资产品的主要目的是资产的保值和增值,但是由于投资技巧和市场波动等,而产生了盈利或亏损情况。

五、家庭投资风险承担能力

调查中询问了家庭对风险承受能力的主观判断。根据表 8-11 可知,2015—2018 年,均有超过 50% 的家庭为风险厌恶型,属于保守型投资者,也就是不能承受本金亏损。分城乡看,城镇地区家庭投资行为的进取性高于农村家庭,表现为城镇家庭承受投资亏损的程度高于农村家庭。

表 8-11 2015—2018 年家庭投资风险承担能力的分类描述统计

(单位:%)

区域	第一类家庭	第二类家庭	第三类家庭	第四类家庭
2015 年				
全国	7.86	17.28	11.75	63.11
城镇	9.22	20.44	12.64	57.71
农村	5.94	12.82	10.50	70.73

区域	第一类家庭	第二类家庭	第三类家庭	第四类家庭
2016 年				
全国	15.02	13.51	19.36	52.10
城镇	13.92	15.68	24.45	45.94
农村	16.91	9.80	10.63	62.66
2017 年				
全国	11.29	10.83	23.05	54.83
城镇	9.57	12.29	28.46	49.67
农村	14.66	7.95	12.42	64.97
2018 年				
全国	5.57	8.66	21.01	64.76
城镇	6.97	11.97	25.86	55.20
农村	2.77	2.04	11.31	83.88

注:第一类家庭指可承受本金 50% 以上的亏损;第二类家庭指可承受本金 20%—50% 的亏损;第三类家庭指可承受本金 10% 以内的亏损;第四类家庭指不能承受本金亏损。

具体来看,在能够承受的损失程度上,2015 年,7.86% 的家庭愿意为获得更多投资收益,而承担更多风险;17.28% 的家庭只愿意承担较少的风险,相应的可以降低收益标准;11.75% 的家庭只承受较少的风险,对收益的要求也不高;63.11% 的家庭不愿承担任何风险。2016 年,家庭投资风险承担能力的分组中,第一类家庭、第二类家庭、第三类家庭和第四类家庭占比分别为 15.02%、13.51%、19.36% 和 52.10%。2017 年,四类家庭占比分别为 11.29%、10.83%、23.05% 和 54.83%。2018 年,前三类家庭的占比均有下降,而第四类家庭占比提高到 64.76%。2018 年,农村家庭有 83.88% 不能承受本金亏损,而城镇家庭为 55.20%;6.97% 的城镇家庭能够承受本金 50% 以上的亏损,农村家庭这一比重只有

2.77%;11.97%的城镇家庭可承受本金 20%—50%的亏损,农村家庭这一比重只有 2.04%。

六、各类投资产品的吸引程度

进一步从居民主观层面分析各类投资产品的吸引度可以看出,我国居民家庭参与金融理财投资的程度不高。根据表 8-12 可知,2015—2017 年,从全国层面看,受各种主观客观因素的制约,每年都有超过 50%的样本表示各类投资产品均没有吸引度。在表示有吸引度的被调查者中,股票、基金、债券、贵金属及收藏的吸引度依次下降,说明炒股由于进入门槛较低,且可能的收益较可观,仍然是大众中相对更普及的投资行为,也更能够吸引居民参与。值得注意的是,房产投资的吸引度逐年下降,进一步印证了"房住不炒"政策的有效性。2018 年的调查增加了活定期存款的选项,根据统计,主观上居民更倾向于选择活定期存款。

表 8-12　2015—2018 年各类投资产品的吸引程度　　　（单位:%）

家庭储蓄主要原因	全国		城镇		农村	
	频数	百分比（%）	频数	百分比（%）	频数	百分比（%）
2015 年						
股票	856	8.42	648	11.65	208	4.51
基金	638	6.27	428	7.69	210	4.56
债券	342	3.36	215	3.86	127	2.76
商业投资	545	5.36	351	6.31	194	4.21
房产	1246	12.25	822	14.77	424	9.20
贵金属及收藏	383	3.77	254	4.57	129	2.80
其他	112	1.10	60	1.08	52	1.13
没有	6587	64.76	3292	59.17	3295	71.52

续表

家庭储蓄主要原因	全国		城镇		农村	
	频数	百分比（%）	频数	百分比（%）	频数	百分比（%）
2016 年						
股票	1920	5.47	1420	6.84	503	3.49
基金	1260	3.58	1083	5.22	177	1.23
债券	754	2.14	573	2.76	181	1.26
商业投资	789	2.24	615	2.97	173	1.20
房产	1409	4.01	1007	4.86	402	2.79
贵金属及收藏	482	1.37	405	1.95	77	0.54
其他	186	0.53	78	0.38	108	0.75
没有	27423	77.96	15386	74.12	12036	83.49
2017 年						
股票	1410	3.00	1072	3.84	338	1.76
基金	1128	2.40	857	3.07	271	1.41
债券	656	1.39	507	1.82	149	0.78
商业投资	429	0.91	340	1.22	89	0.46
房产	1202	2.55	831	2.98	371	1.94
贵金属及收藏	339	0.72	275	0.99	64	0.33
其他	27	0.06	17	0.06	10	0.05
没有	24526	52.13	13844	49.64	10682	55.74
2018 年						
股票	421	1.43	361	2.03	60	0.52
基金	350	1.19	333	1.87	17	0.15
债券	198	0.67	159	0.89	39	0.34
商业投资	55	0.19	33	0.19	22	0.19
房产	43	0.15	39	0.22	4	0.03
贵金属及收藏	60	0.20	60	0.34	0	0.00
活定期存款	11806	40.19	7282	40.93	4524	39.05
其他	86	0.29	63	0.35	23	0.20
没有	7049	24.00	3916	22.01	3133	27.05

具体来看,2015 年,在吸引家庭进行投资的产品中,选择房产的家庭最多,其次分别是股票、基金、商业投资。2016 年,有 77.96% 的家庭认为各类投资产品均没有吸引度。股票、房产、基金、商业投资、债券、贵金属及收藏的吸引度依次下降。2017 年,有 52.13% 的家庭认为各类投资产品均没有吸引度。2018 年,从全国层面看,受各种主观客观因素的制约,有 24% 的家庭认为各类投资产品均没有吸引度。另外,最吸引家庭的是风险最小、同时收益也较低的活定期存款,比重为 40.19%。

分城镇和农村看,各类投资产品对城镇和农村家庭略有不同。不同投资产品对城镇家庭的吸引度均高于农村家庭。例如,2018 年,股票对城镇和农村的吸引程度分别是 2.03% 和 0.52%,城镇家庭吸引程度居前三位的投资产品分别是活定期存款、股票、基金,农村家庭前三位分别是活定期存款、股票、债券。

这一结果与中国人民银行的调查基本一致。中国人民银行营业管理部 2018 年第一季度公布了北京市 2000 户城镇储户问卷调查结果。从投资选择看,居民偏爱的前三位投资方式依次为"银行、证券公司、保险公司理财产品""基金、信托产品"和"股票",选择的比例分别为 40%、30.1% 和 19.5%。

第三节　投资理财信息咨询渠道及经验积累

一、投资理财中是否参考他人意见

根据表 8-13 可知,参与各类产品投资的家庭并不是盲目地进行投资理财,较多的家庭体现出了理性,会从多种途径和渠道获得信息、建议和指导,分散风险,以保值增资。其中,被调查者比较认同家人、朋友、同事等的意见,对参考这些人的意见持肯定态度的比例超过60%,且逐年攀升。这说明家人、朋友、同事等间接的和非正规的信息渠道受到投资者的重视。分城乡、地区的差异不明显。

表8-13 2016—2018年理财过程中是否参考他人意见的描述统计

(单位:%)

区域	是	否
2016 年		
全国	68.04	31.96
城镇	68.76	31.24
农村	66.38	33.62
2017 年		
全国	79.17	20.83
城镇	78.78	21.22
农村	80.86	19.14
2018 年		
全国	89.16	10.84
城镇	89.55	10.45
农村	86.73	13.27

具体来看,在存在各类投资产品投资行为的家庭中,2016 年,有 68.04%的家庭户主,在投资理财过程中会参考家人、朋友、同事等其他人的意见。2017 年,有 79.17%的家庭户主,在投资理财过程中会参考家人、朋友、同事等其他人的意见。2018 年,全国层面有 89.16%的家庭户主,在投资理财过程中会参考家人、朋友、同事等其他人的意见。

结合前一部分的分析,进一步印证了仅仅依靠居民自身理财知识和经验无法获得完整的、可靠的和有效的投资理财信息,这就体现出为民众提供有效和必要的金融理财知识和咨询服务的重要性。

二、专业理财师的认同和使用

专业理财师作为一种职业,可以利用其自身的知识优势,为居民提供信息咨询服务。在居民投资操作中,专业型的理财师作用凸显。根据表8-14可知,2015—2018年,全国居民家庭认为专业理财师能够提供实际意义的帮助的比例,从41.37%逐步提高到87.07%,说明理财这一理念逐渐被民众所接受,且居民认可专业理财咨询行为。这体现出投资理财师这一职业未来有广阔的发展前景。

具体来看,在存在各类投资产品投资行为的家庭中,2015年,有41.37%的被访者对专业理财师的意见持肯定态度。2016年,有60.01%的家庭户主认同专业理财师对投资理财能够起到实际意义的帮助。2017年,有73.53%的家庭户主认同专业理财师对投资理财能够起到实际意义的帮助。2018年,有87.07%的家庭户主认同专业理财师对投资理财能够起到实际意义的帮助。

表8-14 2015—2018年对专业理财师作用态度的描述统计 (单位:%)

区域	认同	不认同
2015 年		
全国	41.37	58.63
城镇	44.58	55.42
农村	36.90	63.10
2016 年		
全国	60.01	39.99
城镇	61.58	38.42
农村	56.37	43.63

续表

区域	认同	不认同
2017 年		
全国	73.53	26.47
城镇	71.57	28.43
农村	82.05	17.95
2018 年		
全国	87.07	12.93
城镇	86.95	13.05
农村	87.82	12.18

　　以上是从主观判断上体现出专业理财师的接受度较高。这里进一步从实际应用上分析专业理财师的价值。根据表 8-15 可知,在存在各类投资产品投资行为的家庭中,全国多数家庭会选择参考和使用专业理财师的建议,且这一比例逐年上升。

表 8-15　2016—2018 年是否参考过专业理财师建议的描述统计

(单位:%)

区域	是	否
2016 年		
全国	53.97	46.03
城镇	56.64	43.36
农村	47.86	52.14
2017 年		
全国	62.62	37.38
城镇	61.69	38.31
农村	66.28	33.72
2018 年		
全国	82.07	17.93
城镇	82.30	17.70
农村	80.69	19.31

具体来看,在存在各类投资产品投资行为的家庭中,2016 年,有 53.97% 的家庭参考和使用过专业理财师的建议,2017 年有 62.62%,2018 年有 82.07%。

三、专业理财咨询内容

2016 年开始,调查增加询问了专业理财咨询内容。根据表 8-16 可知,各年均有超过 50% 家庭的主要咨询内容是具体的投资产品,只有少部分家庭咨询的是投资产品如何组合。这说明城乡家庭自身的投资知识还相对缺乏,投资水平不高,更主要的原因是受可供投资的资金限制,导致了投资专业咨询领域主要围绕选择何种类型产品进行投资,涉及更深入的投资操作技术、技巧,以及投资产品如何进行组合搭配和权衡资产收益性、资产安全性和资产灵活性的咨询内容相对较少。

表 8-16 2016—2018 年专业理财咨询内容　　　　（单位:%）

专业理财咨询内容	具体投资产品	投资产品如何组合	其他
2016 年			
全国	56.52	33.11	10.37
城镇	51.36	39.71	8.93
农村	70.78	14.88	14.34
2017 年			
全国	60.42	38.30	1.28
城镇	58.90	39.96	1.14
农村	67.07	31.03	1.90
2018 年			
全国	81.14	17.76	1.10
城镇	80.29	18.51	1.20
农村	86.26	13.26	0.48

具体来看,2016 年,56.52%的家庭主要咨询内容是具体的投资产品,有 33.11%的家庭咨询投资产品如何组合,有 10.37%针对其他问题和信息进行咨询。2017 年,60.42%的家庭主要咨询内容是具体的投资产品,有 38.30%的家庭咨询投资产品如何组合,有 1.28%针对其他问题和信息进行咨询。2018 年,绝大多数家庭(占 81.14%)主要咨询内容是具体的投资产品,有 17.76%的家庭咨询投资产品如何组合,有 1.1%针对其他问题和信息进行咨询。

四、投资经验自我评价

根据表 8-17 可知,在存在各类投资产品投资行为的家庭中,投资者自我评价为"无经验"的比例在调查年份中均为最多。在有经验的群组中,报告经验有限而且只是在银行存款、国债方面有经验的比例相对较高。调查各年份均只有不到 5%的家庭户主认为自己经验丰富,基本可以自行决策。这说明居民投资者仍然需要进一步积累投资经验,通过专业帮助,获得成长。分城乡和地区看,城镇地区家庭自我评价的投资经验高于农村家庭。

表 8-17　2016—2017 年投资者投资经验的自我评价　　　(单位:%)

区域	无经验	有限,存款或国债	有一定经验,需专业人士帮助	经验丰富,需自行决策
2016 年				
全国	57.26	22.82	16.58	3.34
城镇	45.90	27.83	21.55	4.72
农村	83.56	11.23	5.06	0.15
2017 年				
全国	32.82	30.42	32.36	4.39
城镇	35.07	30.64	29.92	4.37
农村	22.92	29.46	43.13	4.50

具体来看,2016 年,有 57%的家庭户主认为自己毫无经验;有 22.82%的家庭户主认为自身经验有限,而且只是在银行存款、国债方面有经验;有 16.58%的家庭户主认为自身相对有一定经验,但也希望得到专业人士帮助;有 3.34%的家庭户主认为自己经验丰富,基本可以自行决策。2017 年,有 32.82%的家庭户主认为自己毫无经验;有 30.42%的家庭户主认为自身经验有限,而且只是在银行存款、国债方面有经验;有 32.36%的家庭户主认为自身相对有一定经验,但也希望得到专业人士帮助;只有 4.39%的家庭户主认为自己经验丰富,基本可以自行决策。2018 年,全国及分城乡的家庭投资经验自我评价的排序与往年一致。

第四节　家庭融资借款情况与意愿

一、家庭融资的原因

根据表 8-18 可知,在家庭融资借款的原因方面,2015—2018 年,看病、购房、子女教育等问题成为家庭融资借款的主要原因。这些原因与家庭储蓄的原因基本一致。

表 8-18　2015—2018 年家庭融资的原因描述统计

家庭储蓄主要原因	全国		城镇		农村	
	频数	百分比（%）	频数	百分比（%）	频数	百分比（%）
2015 年						
购房	1311	12.89	833	14.97	478	10.38
子女教育	1115	10.96	508	9.13	607	13.18
看病	1427	14.03	614	11.04	813	17.65

家庭储蓄 主要原因	全国		城镇		农村	
	频数	百分比 （%）	频数	百分比 （%）	频数	百分比 （%）
生产经营性活动	770	7.57	383	6.88	387	8.40
其他大额消费	1526	15.00	860	15.46	666	14.46
2016 年						
购房	2325	6.61	1390	6.70	935	6.49
子女教育	1374	3.91	699	3.37	675	4.68
看病	1675	4.76	654	3.16	1020	7.08
生产经营性活动	786	2.24	433	2.09	353	2.45
其他大额消费	1120	3.18	536	2.58	583	4.05
不需要借款	27885	79.28	16940	81.61	10944	75.92
2017 年						
购房	1167	2.48	742	2.66	425	2.22
子女教育	673	1.43	375	1.34	299	1.56
看病	943	2.00	517	1.85	426	2.22
生产经营性活动	470	1.00	301	1.08	168	0.88
其他大额消费	748	1.59	450	1.61	298	1.56
不需要借款	26086	55.44	15376	55.14	10710	55.89
2018 年						
购房	318	1.08	250	1.41	68	0.59
子女教育	100	0.34	61	0.34	39	0.34
看病	190	0.65	75	0.42	115	0.99
生产经营性活动	89	0.30	55	0.31	34	0.29
其他大额消费	304	1.03	204	1.15	99	0.85
不需要借款	18358	62.50	10925	61.41	7433	64.17

　　具体来看,2015 年,家庭融资的主要原因,居首位的是其他大

额消费,第二是看病,第三是购房,第四是子女教育,第五是生产经营性活动。城镇地区家庭借钱的主要原因排序上与农村地区有所差别。城镇地区家庭借钱原因第一是其他大额消费,第二是购房,第三是看病。农村地区家庭借钱原因第一是看病,第二是其他大额消费,第三是子女教育。

2016年,有79.28%的受访家庭不需要借款,城镇地区有81.61%的家庭不需要借款,农村地区有75.92%的家庭不需要借款。这说明农村家庭需要资金拆借的可能性比城镇家庭大。在需要借款的家庭中,原因依次为:购房,占6.61%;看病,占4.76%;子女教育,占3.91%;其他大额消费,占3.18%;生产经营性活动,占2.24%。分城乡看,城镇家庭借款的原因依次是:购房,占6.70%;子女教育,占3.37%;看病,占3.16%;其他大额消费,占2.58%;生产经营性活动,占2.09%。农村家庭借款原因依次是:看病,占7.08%;购房,占6.49%;子女教育,占4.68%;其他大额消费,占4.05%;生产经营性活动,占2.45%。

2017年,有55.44%的受访家庭不需要借款,城镇地区有55.14%的家庭不需要借款,农村地区有55.89%的家庭不需要借款。这说明农村家庭需要资金拆借的可能性比城镇家庭大。在需要借款的家庭中,原因依次为:购房,占2.48%;看病,占2%;其他大额消费,占1.59%;子女教育,占1.43%;生产经营性活动,占1.00%。分城乡看,城镇家庭借款的原因依次是:购房,占2.66%;看病,占1.85%;其他大额消费,占1.61%;子女教育,占1.34%;生产经营性活动,占1.08%。

2018年,全国有62.50%的受访家庭不需要借款,城镇地区有61.41%的家庭不需要借款,农村地区有64.17%的家庭不需要借款。这说明城镇和农村家庭需要资金拆借的可能性都比较大。在需要借款的家庭中,原因依次为:购房,占 1.08%;其他大额消费,占 1.03%;看病,占 0.42%;子女教育,占 0.34%;生产经营性活动,占 0.30%。分城乡看,城镇家庭借款的原因依次是:购房,占 1.41%;其他大额消费,占 1.15%;看病,占 0.42%;子女教育,占 1.34%;生产经营性活动,占 0.31%。农村家庭借款原因顺序与城镇家庭基本一致。

分城乡看,由于农村家庭收入、农村地区医疗保障水平相对较低等,导致看病成为农村家庭借款的首要原因。由于房价持续高涨但自有资金往往不足,购房成为城乡家庭共同的主要借款原因。另外,一方面是家庭对子女教育的重视,另一方面是从幼儿教育到高等教育所需费用水平的攀升,子女教育也成为城乡家庭借款的原因之一。结合前文家庭储蓄的主要原因,共同说明了我国完善社会保障制度、破除土地财政、学前教育和义务教育改革仍然任重而道远。

二、家庭融资的渠道

根据表 8-19 可知,2015 年的调查显示,如果家庭需要借钱,大部分会首先选择向亲戚朋友借钱,占 78.29%,而只有 18.9% 的家庭首选银行。城镇家庭中,城镇家庭首选亲戚朋友的占 74.92%,22.04% 选择银行。农村家庭中,82.95% 的农村家庭首选亲戚朋友,选择银行的占 14.56%。这说明城乡家庭非正规借贷行为还比较普遍。农村地区选择亲戚朋友、民间借贷形式的比例高于城镇家庭,但城镇地区家庭选择银行、P2P 网贷平台、小贷金融公司的相对农村地区要多。

表 8-19   2015 年家庭首选借款渠道描述统计   （单位:%）

区域	亲戚朋友	银行	小贷公司	民间借贷	P2P 网贷	其他
全国	78.29	18.90	0.78	0.71	0.41	0.92
城镇	74.92	22.04	0.90	0.60	0.66	0.89
农村	82.95	14.56	0.61	0.87	0.06	0.95

（一）生活消费融资渠道

由于融资额度大小和生产生活用途对家庭选择借款渠道有重要的影响,2016 年开始,调查增加了居民家庭生活融资、小额生产性融资、大额生产性融资渠道意向性问题。

生活消费的特点是金额较小,同时可预见性较差,其时效性相应要强一些。根据表 8-20 可知,在生活消费借款首选渠道上,历年排在第一位的均为亲戚朋友这一非正规金融渠道,各年占比均超过 80%,排在第二位的是银行这一正规金融渠道,各年占比均超过 10%。仅有将近 1% 的家庭选择小贷公司,不到 1% 的家庭选择民间借贷。三年调查中,均仅有不到 0.5% 的家庭选择 P2P 网贷。

表 8-20   2016—2018 年家庭首选生活消费借款渠道描述统计   （单位:%）

区域	亲戚朋友	银行	小贷公司	民间借贷	P2P 网贷	其他
2016 年						
全国	82.75	13.13	1.03	0.86	0.49	1.73
城镇	79.49	16.04	1.40	0.99	0.67	1.41
农村	87.44	8.96	0.50	0.68	0.24	2.19
2017 年						
全国	85.13	12.74	0.96	0.57	0.29	0.32
城镇	82.04	15.44	1.18	0.64	0.36	0.33
农村	89.55	8.86	0.63	0.48	0.18	0.30

续表

区域	亲戚朋友	银行	小贷公司	民间借贷	P2P 网贷	其他
2018 年						
全国	83.77	13.79	1.37	0.27	0.38	0.42
城镇	82.41	15.50	0.96	0.29	0.62	0.22
农村	85.80	11.24	1.97	0.24	0.03	0.72

具体来看,在生活消费借款首选渠道上,2016 年,有 82.75%的家庭首选亲戚朋友这一非正规金融渠道,其次有 13.13%的家庭选择银行这一正规金融渠道,仅有 0.49%的家庭选择 P2P 网贷。2017 年,有 85.13%的家庭首选亲戚朋友,其次有 12.74%的家庭选择银行,仅有 0.29%的家庭选择 P2P 网贷。2018 年,在生活消费借款首选渠道上,全国层面有 83.77%的家庭首选亲戚朋友,其次有 13.79%的家庭选择银行,而有 1.37%的家庭选择小贷公司,仅有 0.38%的家庭选择 P2P 网贷。

借款渠道存在城乡之间的明显差异。城镇家庭选择银行进行消费借款的比例明显高于农村家庭,这说明银行消费借款贷款在城镇地区相对更为流行,也说明城镇家庭倾向于选择银行进行融资。城镇家庭选择小贷公司、P2P 网贷的比例一般也高于农村家庭。

(二)小额生产性融资渠道

生产性借款的一般特征是所需金额较大,借款时间可能也较长,存在到期不还或拖欠的风险相应较大。根据表 8-21 可知,在 10 万元以下小额生产经营借款渠道上,各年仍然有超过 60%的家庭选择亲戚朋友借款,但选择银行借款的比例超过 20%。相比于生活消费借款选择银行的比例,在小额生产性借款方面,银行借款的比例有明显提升。小贷公司、民间借贷、P2P网贷等所占比例仍然很小。

表 8-21 2016—2018 年家庭首选小额生产经营借款渠道描述统计

(单位:%)

区域	亲戚朋友	银行	小贷公司	民间借贷	P2P 网贷	其他
2016 年						
全国	68.52	25.65	1.76	1.16	0.55	2.35
城镇	66.47	27.45	2.24	1.16	0.85	1.83
农村	71.50	23.06	1.06	1.16	0.12	3.11
2017 年						
全国	73.22	23.68	1.75	0.64	0.24	0.46
城镇	71.19	25.22	2.18	0.67	0.32	0.43
农村	76.14	21.48	1.13	0.61	0.13	0.51
2018 年						
全国	71.57	24.44	2.07	1.27	0.32	0.34
城镇	70.81	25.72	1.91	0.87	0.49	0.21
农村	72.70	22.53	2.30	1.85	0.07	0.54

具体来看,在 10 万元以下小额生产经营借款渠道上,2016 年,有 68%的家庭选择亲戚朋友借款,但选择银行借款的比例为 25.65%。2017 年和 2018 年,选择亲戚朋友借款、银行借款的比例分别为 73.22%、23.68%和 71.57%、24.44%。

(三)大额生产性融资渠道

根据表 8-22 可知,2016—2018 年,在 10 万元以上大额生产经营借款贷款方面,不同于生活借款和小额生产借款,银行开始成为首要的借款渠道,各年占比均超过 50%,且比重逐年上升。此外,各年有超过 20% 的家庭选择亲戚朋友作为大额生产借款的渠道。这也说明非正规借贷途径提供大额资金的限制性。分城乡的居民大额生产经营借款渠道选择基本一致。随着借款额度的提升,银行等金融机构提供的信贷资金成为借款方的首选。

表 8-22　2016—2018 年家庭首选大额生产经营借款渠道描述统计

(单位:%)

区域	亲戚朋友	银行	小贷公司	民间借贷	P2P 网贷	其他
2016 年						
全国	40.14	51.92	2.65	2.00	0.40	2.90
城镇	38.54	54.48	2.66	1.50	0.61	2.22
农村	42.47	48.20	2.62	2.73	0.09	3.89
2017 年						
全国	23.97	69.15	4.92	1.20	0.21	0.54
城镇	23.35	69.17	5.82	0.90	0.26	0.51
农村	24.87	69.13	3.63	1.63	0.15	0.59
2018 年						
全国	23.38	69.11	3.88	2.28	1.26	0.10
城镇	22.57	71.39	3.43	1.41	1.08	0.12
农村	24.57	65.72	4.55	3.57	1.53	0.07

具体来看,2016 年,受访家庭在大额生产性融资上选择银行作为首要的借款渠道,占 51.92%。有 40.14% 的家庭选择亲戚朋友作为大额生产借款的渠道。2017 年和 2018 年,选择银行作为首要大额生产性借款渠道的占比逐年上升,而亲戚朋友的重要性逐年下降。

综合各年样本家庭在生活消费融资渠道、小额生产性融资渠道、大额生产性融资渠道的选择分布,可以看出,随着借款额度的提升和时效性能要求的增加,选择小贷公司等金融机构、民间借贷等途径提供的信贷资金比例有所提高。这其中包含着对资金安全性和对等贷款抵押物的考量。大额生产经营借款额度大、期限长,相应的风险也就更大,同时亲戚朋友的资金有数量等局限性,因此,银行这一正规的信贷机构就成为借款的首选途径。小贷公司、P2P 网贷公司等也具有一定的发展空间,但是,要考虑政策的指引。

三、家庭偿还债务占收入比例

根据表 8-23 可知,2015—2018 年,在家庭每月偿还债务占收入比例方面,有超过 60%的受访家庭表示无债务或贷款。在有债务需要偿还的家庭,偿还债务占收入比例低于 30%的家庭占了绝大多数,仅有不到 1%的家庭还债占月收入比重超过月收入的一倍以上。可见,大部分家庭的债务负担占月还款水平在可承受的范围内。

表 8-23　2015—2018 年家庭偿还债务占收入比例情况　（单位:%）

区域	无债务或贷款	(0,30%]	(30%,50%]	(50%,100%]	月收入的一倍以上
2015 年					
全国	66.72	20.00	8.81	3.67	0.81
城镇	68.61	18.31	8.90	3.59	0.59
农村	64.04	22.40	8.67	3.78	1.11
2016 年					
全国	81.29	12.47	4.42	1.50	0.32
城镇	83.40	10.61	4.49	1.32	0.18
农村	78.29	15.12	4.33	1.74	0.52
2017 年					
全国	87.61	9.05	2.78	0.53	0.03
城镇	87.05	9.12	3.25	0.56	0.02
农村	88.42	8.94	2.11	0.48	0.04

区域	无债务或贷款	(0,30%]	(30%,50%]	(50%,100%]	月收入的一倍以上
2018 年					
全国	88.42	9.10	2.27	0.15	0.06
城镇	84.77	11.85	3.13	0.19	0.06
农村	93.88	4.99	0.98	0.09	0.05

具体来看,2016 年,有 81.29%的受访家庭无债务或贷款,12.47%的家庭还债资金占月收入比重在 30%以内,4.42%的家庭还债资金占月收入比重在 30%—50%,1.50%的家庭还债资金占月收入比重在 50%—100%,有 0.32%的家庭还债占月收入比重超过月收入的 1 倍以上,这类样本可能是将以往储蓄和财产用于还债,或者"拆东墙补西墙"。2017 年,无债务或贷款的家庭占 87.61%,9.05%的家庭还债资金占月收入比重在 30%以内,2.78%的家庭还债资金占月收入比重在 30%—50%,0.53%的家庭还债资金占月收入比重在 50%—100%,有 0.03%的家庭还债占月收入比重超过月收入的 1 倍以上。2018 年,无债务或贷款的家庭占 88.42%,9.1%的家庭还债资金占月收入比重在 30%以内,2.27%的家庭还债资金占月收入比重在 30%—50%,0.15%的家庭还债资金占月收入比重在 50%—100%,有 0.06%的家庭还债占月收入比重超过月收入的 1 倍以上。

四、家庭融资的利率成本偏好

2015 年的调查询问了被调查对象能够接受多高的借款利率。借贷本质上属于资金的供需。为获得融资,需要支付相应的利息,是调查家庭的普遍共识,而区别在于接受何种水平的贷款利率。

根据表8-24可知,被访家庭户主如果贷款,能接受的最高利率方面,14.7%的抽样家庭接受基准利率水平,6.2%的家庭接受利率上浮20%以内,5.3%的家庭接受利率上浮20%以上。15.95%的家庭接受利率下浮20%以内。57.8%的家庭接受利率下浮20%以上。大部分家庭偏好低成本的融资。城镇地区家庭与农村地区家庭的选择基本一致。

表8-24　2015年家庭可接受的贷款利率分布　　（单位:%）

	全国	城镇	农村
下浮20%以上	57.8	56.9	59.0
下浮20%以内	15.9	17.5	13.9
基准利率	14.7	13.7	16.1
上浮20%以内	6.2	7.0	5.2
上浮20%以上	5.3	4.9	5.8

五、家庭债务安全度

根据表8-25可知,在家庭可接受还贷资金占月收入比例(即家庭债务安全度)方面,有超过70%的家庭接受还贷资金占月收入比重为0—30%,仅有不到5%的家庭接受还贷资金占月收入比重在50%—100%,不到1%的家庭认为还贷资金占月收入的1倍以上是安全的。城镇家庭还贷资金占月收入比重的容忍度和接受程度相对高于农村家庭。总的来看,我国城乡家庭的债务和偿还观念仍然较为传统,表现为有借债和融资的家庭比例不多。进一步地,在可接受的偿债资金占月收入的比例来看,绝大部分家庭倾向于选择每月偿债资金不超过家庭月收入的30%,以控制风险。

表 8-25 **2015—2018 年家庭可接受还贷资金占月收入比例情况** (单位:%)

区域	第一组	第二组	第三组	第四组
2015 年				
全国	73.80	21.08	4.15	0.97
城镇	72.68	22.07	4.21	1.04
农村	75.36	19.69	4.07	0.88
2016 年				
全国	85.12	11.99	2.20	0.70
城镇	83.83	13.00	2.54	0.63
农村	86.98	10.52	1.70	0.80
2017 年				
全国	92.14	6.74	0.88	0.23
城镇	90.52	8.10	1.11	0.27
农村	94.49	4.78	0.54	0.18
2018 年				
全国	91.58	6.85	1.39	0.18
城镇	90.37	7.98	1.47	0.19
农村	93.39	5.16	1.27	0.18

注:第一组家庭指认为还贷资金占月收入(0,30%]是安全的,第二组家庭指认为还贷资金占月收入(30%,50%]是安全的,第三组家庭指认为还贷资金占月收入的(50%,100%]是安全的,第四组家庭指认为还贷资金占月收入的 1 倍以上是安全的。

具体来看,2015 年,认为每月还贷资金占家庭月收入的 0—30%是安全的家庭占 73.80%,21.08%的家庭认为占月收入的(30%,50%]是安全的。2016 年,认为还贷资金占月收入(0,30%]是安全的家庭占 85%,有 11.99%的家庭接受还贷资金占月收入比重在 30%—50%,有 2.2%的家庭接受还贷资金占月收入比重在 50%—100%。2017 年,接受还贷资金占月收入比重在 0—30%的家庭占 92.14%,有 6.74%的家庭接受还贷资金占月收入比重在 30%—50%,有 0.88% 的家庭接受还贷资金占月收入比重在 50%—100%。2018 年,有 91.58% 的家庭接受还贷资金占月收入比重的 0—30%,有 6.85% 的家庭接受还贷资金占月收入比重在 30%—50%,有 1.39% 的家庭接受还贷资金占月收入比重在 50%—100%。

六、家庭主观风险能力评分

2018 年的调查还要求被访者对其自身的风险承受能力进行自我评分,0 分表明风险承受能力最小,10 分表示风险承受能力最大。根据表 8-26,除风险承受能力最低为 0 的组,主观风险承受能力在人群总体呈现一种右偏的正态分布。大部分调查对象的主观风险能力评分都较低,超过 5 分的样本总占比不足 10%。

表 8-26   2018 年家庭主观风险能力评分   (单位:%)

风险能力评分	占比
0	32.81
1	7.42
2	14.66
3	15.44
4	10.56
5	12.34
6	3.79
7	1.88
8	0.85
9	0.22
10	0.04

第五节　通过投资理财和融资
增加居民财产性收入

　　完善收入分配制度,缩小收入差距,提高中等收入人口比重,是近年来我国在收入分配制度改革中的重要任务。而在其中,财产性收入可以起到增加居民收入的显著效果。2012年,党的十八大报告指出,要多渠道增加居民财产性收入。2013年,国务院批转了《关于深化收入分配制度改革的若干意见》,也指出要"多渠道增加居民财产性收入。加快发展多层次资本市场,落实上市公司分红制度,强化监管措施,保护投资者特别是中小投资者合法权益。推进利率市场化改革,适度扩大存贷款利率浮动范围,保护存款人权益。严格规范银行收费行为。丰富债券基金、货币基金等基金产品。支持有条件的企业实施员工持股计划。拓宽居民租金、股息、红利等增收渠道"。2017年,党的十九大报告进一步强调,要拓宽居民劳动收入和财产性收入渠道。

　　从宏观政策和经济走势看,提高居民收入特别是财产性收入、缩小收入差距,需要考虑以下现实背景。

　　第一,居民收入不断提高,但城乡差距仍然存在。

　　改革开放以来,我国城乡居民的收入水平逐年增加,2017年,城镇居民家庭人均可支配收入为36396元,农村家庭人均可支配收入为13432元。城乡居民收入水平的提高,意味着他们的购买力也在不断提高。但是,城乡居民收入水平存在明显的差距。以城乡居民收入比来衡量,这一比值一度超过3,2013年以后维持在 2.7 左右。农村居民收入水平相对较低,使得这一群体的潜在消费需求难以得到释放,阻碍了促内需的实现。从基尼系数看,近年来我国的基尼系数在 0.45 左右。农村内部的基尼系数高于城镇内部。

第二,金融机构资产管理业务规范增强。随着我国经济持续快速增长,居民的收入得到迅速提高,理财与投资意愿不断增强,使我国理财市场呈现出蓬勃发展之势。

银行理财产品是商业银行在对潜在目标客户群分析研究的基础上,针对特定目标客户群开发设计并销售的资金投资和管理计划。在理财产品这种投资方式中,银行只是接受客户的授权管理资金,投资收益与风险由客户或客户与银行按照约定方式双方承担。《商业银行个人理财业务管理暂行办法》对于"个人理财业务"的界定是,"商业银行为个人客户提供的财务分析、财务规划、投资顾问、资产管理等专业化服务活动"。商业银行个人理财业务按照管理运作方式的不同,分为理财顾问服务和综合理财服务。"银行理财产品",通常是指其中的综合理财服务。一般根据预期收益的类型,可以将银行理财产品分为固定收益产品、浮动收益产品两类。另外,按照投资方式与方向的不同,也可分为新股申购类产品、银信合作产品、QDII 产品、结构型产品等。

但同其他成熟市场国家相比,我国理财市场起步较晚、相关法律法规相对滞后,投资者自我保护意识较为薄弱,关于理财产品的法律纠纷时有发生,这些法律风险严重阻碍了我国资本市场健康快速的发展。

截至 2017 年年底,面向个人投资者发行的一般个人类、高资产净值类与私人银行类等理财产品存续余额占全部理财产品存续余额的 66.99%。其中,一般个人类产品存续余额较年初增长 2.76 万亿元,增幅达 23.31%;占全部理财产品存续余额的 49.42%,较年初增长 8.68 个百分点。个人理财产品销售遍及我国内地 31 个省(自治区、直辖市)。2011—2015 年,银行理财规模年复合增长率超过 50%,2016 年全年银行理财产品增速有所下降,为 23.63%。2017 年,银行业理财产品增速进一步下降,规模基本保持稳定。

2018 年 2 月,中国银行业理财登记托管中心公布了《中国银行业理财市场报告(2017 年)》。根据该报告,截至 2017 年年底,全国共有 562 家银行业金融机构有存续的理财产品,数量共 9.35 万只。从金额看,理财产品存续约为 29.54 万亿元,其中,金融同业类产品规模较年初下降 3.40 亿元,降幅为 51.13%。总体来看,理财产品市场在 2017 年以来呈现以下特征:理财产品增速下降,理财资产配置以标准化资产为主,新发行理财产品以低风险等级为主。银行理财回归代客理财的资管业务本源。从资产配置情况看,债券、银行存款、拆放同业及买入返售等标准化资产是理财资金配置的主要资产,截至 2017 年年底,共占理财产品投资余额的 67.56%,其中,债券资产配置比例为 42.19%。新发行的理财产品风险等级总体较低。2017 年,风险等级为二级及以下的理财产品募集资金总量为 144.51 万亿元,占全市场募集资金总量的 83.25%;风险等级为四级和五级的理财产品募集资金量为 0.28 万亿元,仅占 0.16%。

2016—2019 年是我国监管部门对金融市场各领域整顿和顶层设计的关键阶段。2017 年政府部门多次出台金融监管政策,对非银行金融机构的资管产品进行了更为严格限制。2018 年《关于规范金融机构资产管理业务的指导意见》的总体思路是根据资管产品的类型制定统一的监管标准,对同类资管业务作出一致性规定,实行公平市场准入和监管,最大限度消除监管套利空间,其影响主要包括银行理财产品收益率下降幅度较大。

银行理财业务转型已成必然之势。金融强监管态势下资管新规为银行理财市场发展增添了更多变数。

第三,房产"只住不炒"政策的确立。

习近平总书记反复强调,"房子是用来住的,不是用来炒的"。近年来,各地房地产调控和监管措施不断升级,房价暴涨的势头得到遏制,大中城市房价趋于稳定。监管措施方面,2017 年 10 月 26 日,国家发展改革委、住房和城乡建设部就联合下发通知,严厉打击房屋销售环节的捂盘惜售、炒卖房号、阴阳合同、虚假承诺等违法违规行为。调控政策方面,党的十九大后,全国大中城市密集出台包括限购、提高首付比例、限售、提高房贷利率、严格限制房企融资等调控政策,之后三四线城市跟进。在商品房开发和销售等环节严控的同时,中央鼓励租赁住房的发展,并出台了一系列租赁市场发展的举措,包括大力发展租赁住房,一些大型房企逐步开发了租赁社区等自持物业项目。2017 年以来各地纷纷推出住房限贷政策,银行收紧了房地产贷款额度,批贷周期也相应拉长,使得部分贷款需求转向了短期消费贷。

实业振兴首先要解决资金流向问题,只有社会资本能有效流向实业领域,才能激发创新,建设"制造强国"。政策上喊口号难以改变资金流向问题,重在把政策落到实处,解决房产投资收益率过高的问题,解除房地产对资金的磁吸效应。因此,从国家战略层面、政策层面、市场机制层面,房产投资已经不再是居民投资的最佳选择。

结合宏观政策和经济走势背景,并根据本章的主要发现,可以得到以下几点政策启示。

第一,进一步完善城乡社会保障和公共服务水平,推动普惠金融发展。

由于转型时期各项制度还很不完备,不确定性较大,使得居民不敢和不愿消费,尤其是城乡中低收入家庭在养老、医疗、教育、住房等方面的预期支出较大,其储蓄体现出较强的预防性动机,导致居民消费水平下降,影响了扩大内需政策落到实处。不仅如此,许多家庭也因为购房、看病、子女教育等负债,进一步限制了家庭消费水平的提高。为扩大有效消费,需要深化经济和社会改革,一方面要逐步增加居民收入,另一方面要采取有效措施减少城乡居民未来消费的不确定性,提高消费倾向,增强居民消费能力。具体来说,应当完善社会保障制度,健全全民医疗保障体系;构建主要由政府提供基本保障、由市场满足多层次需要的住房供应体系,保障住有所居;深化教育改革,加快公共教育均衡发展,完善资助体系。另外,由于投资市场发育还不成熟,不愿承担投资风险也是居民进行储蓄的一个主要原因。

由于营业网点等多种原因,居民较为青睐大型国有银行、城乡商业银行和邮政储蓄银行。一些股份制银行的比例较低,有的不足1%。但城镇家庭办理业务的银行相比农村家庭分布更为均等,而农村家庭的集中度更高,原因可能是可选择的银行机构范围相对小。这反映了城乡地区不同金融机构分布有所侧重,也说明我们应当推动普惠金融的发展,金融机构应优化服务网点布局,提高服务水平。

第二,创造条件让更多城乡居民拥有财产性收入。

随着家庭投资理财理念的增加和收入水平的不断提高,家庭对各类投资产品都有了不同程度的参与。家庭投资各类产品的主要目的是资产的保值和增值,因为大部分投资者是关心投资盈亏结果的。但是,由于投资技巧和市场波动等,而产生了盈利或亏损情况。我国股票投资发展相对较早,且门槛相对较低,成为城乡家庭首选的投资产品。股票的盈利面相对较小,这与股市剧烈波动有关。基金、债券(主要是国债)、商业投资和房产投资在家庭中盈利比例相对较高。股票、房产、基金、商业投资、债券、贵金属和收藏的吸引力依次下降,说明炒股仍然是大众中相对受欢迎的投资行为。超过一半的家庭投资行为是属于保守性的。城镇地区家庭投资行为的进取性高于农村家庭,表现为城镇家庭能够承受的投资亏损程度高于农村家庭。城乡家庭投资理财的参与程度有待提高。

城乡居民的金融资产主要是收益率较低的银行储蓄,其他金融产品投资参与度不强,这就限制了家庭财产性收入的提高。究其原因,除了许多家庭拥有的财产存量不足的问题,更多还和各类投资产品市场不完善有关,各类投资产品的吸引力不够,风险与收益不匹配。

党的十九大报告指出,要创造条件让更多群众拥有城乡居民财产性收入。要实现这一目标,应当深化金融创新,拓宽投资渠道,促进股票市场健康发展,积极发展债券和基金市场,鼓励金融机构进行金融创新,根据居民不同金融资产偏好,提供多元化的金融产品,使家庭根据其财富水平和风险偏好去选择投资产品,获得相应的投资收益。另外,政府部门还需要建立起保护家庭理财投资者合法权益的法律和监管框架,提高金融消费者对金融市场的信心。

第三,金融机构应创新深化投资理财服务内容。

国债、其他债券、股票、基金、期货、其他金融产品的投资者主要选择的投资机构中,除了投资产品的直接提供和销售机构外,银行及网银平台占据了相对主要的位置。从满意度来看,各类投资机构需要进一步提高服务质量,完善产品的安全度,优化收益率,以便使投资者的满意度提升。从投资者对所选产品投资机构的认识看,除了股票、基金这两类投资产品,投资者认为国债、其他债券、期货等投资产品的机构都是以推销产品为主,其次是收取佣金提供服务,而实际上更为重要的、对投资者帮助更大的资产分配规划服务,则相对较匮乏,影响了投资者对投资机构的正确认知。这与发达国家投资理财机构的服务内容完全不同。因此,投资机构需改变单纯的卖“产品”、收“佣金”的经营模式,应当转向科学地为投资者提供投资理财规划和方案建议上来,深化投资理财服务内容,为老百姓理好财。

第四,大力发展和规范理财投资咨询行业。

仅仅依靠投资机构无法获得完整的、可靠的和有效的投资理财信息,家人、朋友、同事等间接的和非正规的信息渠道受到投资者的重视。超过一半的家庭认同专业理财师对投资理财能够起到实际意义的帮助。但是,由于城乡家庭自身的投资知识还相对缺乏,投资水平不高,导致了投资专业咨询领域主要围绕选择何种类型产品进行投资,涉及更深入的投资操作技术、技巧,以及投资产品如何进行组合搭配,权衡资产收益性、资产安全性和资产灵活性的咨询内容相对较少。居民投资者仍然需要进一步积累投资经验,通过专业帮助,获得成长。高学历群体参与投资理财具有知识等方面的优势,但是针对普通百姓,需要专业指导和合理的投资规划建议,来减少信息不对称,促进他们参与理财投资。这对于家庭理财、投资咨询行业和高素质的从业人员是一个良好的市场机遇。

第五,加快金融体制改革,健全分工合理、相互补充的金融信贷机构体系。

总的来看,我国城乡家庭的债务和偿还观念仍然较为传统,表现为有借债和融资的家庭比例不多。进一步地,在可接受的偿债资金占月收入的比例来看,绝大部分倾向于选择每月偿债资金不超过家庭月收入的30%。但是,城乡家庭仍会在有大额消费但自身资金不足时向外融资。从统计结果看,购房、看病、子女教育、其他大额消费成为居民家庭融资借款的主要原因,说明了我国在完善社会保障制度、破除土地财政、改革学前教育和义务教育方面仍然任重而道远。

居民生活消费借款渠道和小额生产性融资渠道绝大部分是向亲戚朋友借钱,小部分是银行借款。亲戚朋友等非正规信贷是家庭融资的最主要来源,说明以关系、声誉等社会网络为基础的非正规金融在信息和偿付机制等方面具有比较优势,反映出正规金融机构在资金供给和社会资金需求上存在矛盾。商业银行一般追求低风险、高收益,带来了严格的信贷审查和担保条件。但相对于生活消费借款选择银行的比例,小额生产性借款银行借款的比例有明显提升。不同于生活借款和小额生产性借款,银行成为大额生产性借款的首要借款渠道,说明随着借款额度的提升,银行等金融机构提供的信贷资金成为借款方的首选,其中有着对资金安全性和对等贷款抵押物的考量。

近年来,多业态的小微金融组织和互联网金融得到了较快的发展,由于其自身的灵活性,应当是调剂社会资金需求的一个重要途径;但根据调查数据,城乡家庭认为从小额贷款公司和 P2P 网贷平台进行融资的便利程度并不高,而且实际使用比例也很低。这与小微金融和互联网金融近年来的无序增长,带来了该领域的高风险,破坏了行业形象有关。由于非正规金融不易规模化等限制,应当加快金融体制改革,健全分工合理、相互补充的金融机构体系,规范小额贷款,推动民间融资阳光化,规范小额贷款和担保机构发展,为群众提供多样化、灵活性强的信贷产品和服务,满足他们的融资需求。

结合家庭投融资情况和意愿,我们有理由认为投资者和投资机构,均需要继续成长和成熟。投资者应当理性,提高投资经验,金融投资市场也应当继续朝着规范化、法制化、制度化、现代化方向发展,不断提供高质量的投资理财产品。本章结果有助于从多个角度了解家庭财富分布和家庭金融状况,同时对相关行业和产业的发展也具有启示意义。

第六,提升居民的金融素养、理性进行投融资行为。

本章的分析表明,消费者金融知识整体水平有待提高,对各类金融知识的掌握程度存在着较大的差异,消费者金融知识水平在城乡间和区域间具有一定的不平衡特征,这些都导致了居民的投资参与、风险意识等金融行为的差异。消费者对实现资产保值增值的相关金融知识最为关注,大多认为最欠缺股票基金投资、住房贷款、银行理财产品、债券投资等方面的金融知识。同时,城乡、区域、职业、收入、文化程度上的差异导致消费者对金融知识的需求存在一定的差异。因此,需要大力培育居民的金融素养,促进居民理性投融资,以增加居民的投资性收入。

策划编辑：郑海燕

责任编辑：郑海燕　李甜甜

封面设计：吴燕妮

责任校对：周晓东

图书在版编目（CIP）数据

中国微观经济调查.家庭财富卷/经济日报社中国经济趋势研究院,中国社会
科学院经济研究所经济转型与发展研究中心 著. —北京:人民出版社,
2021.11

ISBN 978－7－01－023845－6

Ⅰ.①中⋯　Ⅱ.①经⋯②中⋯　Ⅲ.①中国经济-微观经济-调查报告②家庭
财产-财务管理-调查报告-中国　Ⅳ.①F12②TS976.15

中国版本图书馆 CIP 数据核字（2021）第 205184 号

中国微观经济调查·家庭财富卷

ZHONGGUO WEIGUAN JINGJI DIAOCHA JIATING CAIFU JUAN

经济日报社中国经济趋势研究院

中国社会科学院经济研究所经济转型与发展研究中心　著

人民出版社 出版发行

（100706　北京市东城区隆福寺街 99 号）

中煤（北京）印务有限公司印刷　新华书店经销

2021 年 11 月第 1 版　2021 年 11 月北京第 1 次印刷

开本:710 毫米×1000 毫米 1/16　印张:15.5

字数:165 千字

ISBN 978－7－01－023845－6　定价:66.00 元

邮购地址 100706　北京市东城区隆福寺街 99 号

人民东方图书销售中心　电话（010）65250042　65289539